职业教育物流管理专业教学用书

物流信息技术

李晓媚　　主　编

王琛宁　　副主编

电子工业出版社.

Publishing House of Electronics Industry

北京·BEIJING

内 容 简 介

本教材是职业教育物流专业教学用书之一。本书采用项目、任务组织教学单元，适合采用项目教学法、任务引领教学法，每个任务由任务展示、任务培训、任务执行、任务评价、拓展提升、任务巩固组成，每个项目都配套最新的物流资讯阅读材料。

本书主要内容包括：走进物流信息世界、条形码技术、无线射频识别技术、电子标签辅助拣货技术、物流仿真技术、电子订货系统、ERP 系统、智慧物流。为了更好地助教助学，拓展教学资源，本书各项目任务都配有学习资料二维码，二维码内容主要是与教材内容配套的多媒体课件及相关的拓展知识。

本教材可作为职业院校物流管理专业及相关专业的教学用书，也可作为物流从业人员的参考资料和培训用书。

未经许可，不得以任何方式复制或抄袭本书之部分或全部内容。

版权所有，侵权必究。

图书在版编目（CIP）数据

物流信息技术 / 李晓媚主编 . —北京：电子工业出版社，2018.8

ISBN 978-7-121-34168-7

Ⅰ.①物…　Ⅱ.①李…　Ⅲ.①物流－信息技术－职业教育－教材　Ⅳ.① F253.9

中国版本图书馆 CIP 数据核字（2018）第 088283 号

策划编辑：徐　玲
责任编辑：王凌燕
印　　刷：河北虎彩印刷有限公司
装　　订：河北虎彩印刷有限公司
出版发行：电子工业出版社
　　　　　北京市海淀区万寿路 173 信箱　邮编 100036
开　　本：787×1 092　1/16　印张：9.25　字数：236.8 千字
版　　次：2018 年 8 月第 1 版
印　　次：2025 年 8 月第 14 次印刷
定　　价：38.00 元

凡所购买电子工业出版社图书有缺损问题，请向购买书店调换。若书店售缺，请与本社发行部联系，联系及邮购电话：（010）88254888，88258888。

质量投诉请发邮件至 zlts@phei.com.cn，盗版侵权举报请发邮件至 dbqq@phei.com.cn。

本书咨询联系方式：xuling@phei.com.cn。

前 言

推动物流信息技术的应用，有利于加快物流运作和管理方式的转变，提高物流运作效率和产业链协同效率，促进供应链一体化进程；有利于解决物流领域信息沟通不畅、市场响应慢、专业水平低、规模效益差和成本高等问题，提高企业和产业竞争力；有利于支撑现代物流和电子商务等现代服务业的发展，促进产业结构的调整，加速新型工业化进程。

本书按照职业教育以培养学生职业技能、职业道德、职业意识和职业转换能力为目标，教材内容的选取和安排按项目化进行整合，按岗位的工作流程和工作任务确定知识点和能力点，提高课程内容与工作过程的联系程度，以实际任务为驱动，引导学生对任务进行分析及启示如何完成任务，突出对每一个知识点的技能训练指导和练习。

本书分为 8 个项目，主要内容包括走进物流信息世界、条形码技术、无线射频识别技术、电子标签辅助拣货技术、物流仿真技术、电子订货系统、ERP 系统、智慧物流。由于本书的内容较为全面，授课对象较广，教师在使用本书时可以根据课时量在内容上进行适当选择。

本书的主要特点如下：

（1）理论与实操相结合，图文并茂，贴近实务。

（2）注重内容的系统性、科学性、应用性，从而达到"做中教、做中学"的课堂效果。

（3）构建了以任务驱动、案例结合、任务培训、任务操作的复合型教材模式，以适应学生参与、师生互动、提高技能的新型教学理念和方法。

本书由李晓媚任主编，王琛宁任副主编，何乃兵和柯燕青参编。

为了方便教师教学，本书还配有教学指南、电子教案及习题答案（电子版），请有此需要的教师登录华信教育资源网（www.hxedu.com.cn）免费注册后再进行下载，有问题时请在网站留言板留言或与电子工业出版社联系（E-mail: hxedu@phei.com.cn）。

由于编者水平有限，书中难免有疏漏之处，敬请读者提出宝贵意见并能及时反馈。

编 者

目　录

项目一
走进物流信息世界

任务一 认识物流信息

任务展示

深圳市成兴业国际运输有限公司（顺丰速运）成立于 1993 年，目前已发展成为国内著名的快递企业，主要经营国际、国内快递业务及报关、报检、保险、货物监装与仓储等业务，为客户提供快捷、安全、准确、经济的快件服务。公司在全国范围内建立了庞大的信息采集、市场开发、物流配送、快件收派等速递、货运代理网络。

顺丰速运的信息化管理使得千里物流一线牵，下面我们将一起揭开信息化管理的神秘面纱。

任务描述：认识物流信息。

任务培训

任务培训 1：什么是数据？

数据是对客观事物进行观察以后记录下来的可以识别的符号，本身无意义，需要经过解释、描述。它可以是字母、数字或其他符号，也可以是图像、声音或味道，所表示的是客观事实。例如，一件衣服的单价是 89 元，如果把"一""件""8""9""元"割裂开就毫无意义了，只有将它们联系起来才有意义。数据有什么作用呢？可以通过数据采集、整合、统计和分析来驱动运营，如图 1-1 所示。

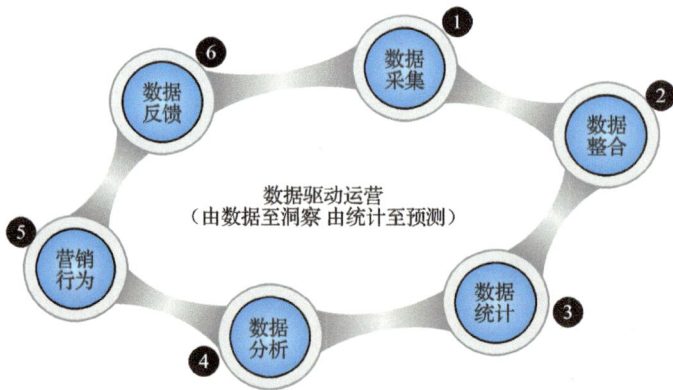

图 1-1 数据的作用

任务培训 2：什么是"大数据时代"？

互联网（社交、搜索、电商）、移动互联网（微博）、物联网（传感器、智慧地球）、车联网、GPS、安全监控、金融、电信都在疯狂产生着数据，这就是所谓的"大数据时代"。

大数据（big data）指无法在一定时间范围内用常规软件工具进行捕捉、管理和处理的数据集合，是需要新处理模式才能具有更强的决策力、洞察发现力和流程优化能力的海量、高增长率和多样化的信息资产，如图 1-2 所示。

大数据的特点可以归纳为"4V"，容量大、处理速度快、多样化、价值高，如图 1-3 所示。

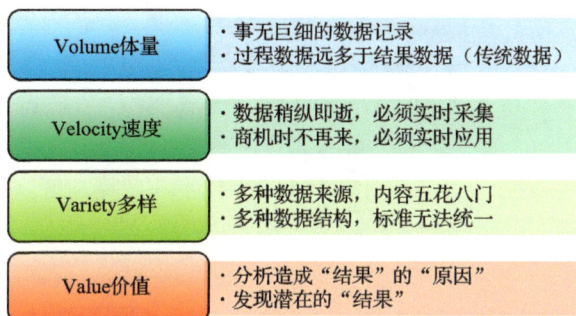

图 1-2　大数据

Volume体量	·事无巨细的数据记录 ·过程数据远多于结果数据（传统数据）
Velocity速度	·数据稍纵即逝，必须实时采集 ·商机时不再来，必须实时应用
Variety多样	·多种数据来源，内容五花八门 ·多种数据结构，标准无法统一
Value价值	·分析造成"结果"的"原因" ·发现潜在的"结果"

图 1-3　大数据的特点

任务培训 3：什么是信息？

信息是经过加工、解释以后的数据。

例如，一张仓库材料入库单，上面有发货单位、名称、数量、单价、日期等一些数据。当这些数据以单个形式出现时是毫无意义的。将它们汇总（进行加工）以后就成了一张入库单，赋予了一定的意义，反映入库的一笔账目。这时它就不再是数据，而是一条信息了。根据这张入库单，我们就可以了解仓库进了一批什么货、何时进货、价值是多少等。

任务培训 4：信息的形态有哪些？

信息一般有 4 种形态：数据、文本、声音、图像，如图 1-4 所示。这 4 种形态可以相互转化，如照片被传送到计算机，就把图像转化成了数字。

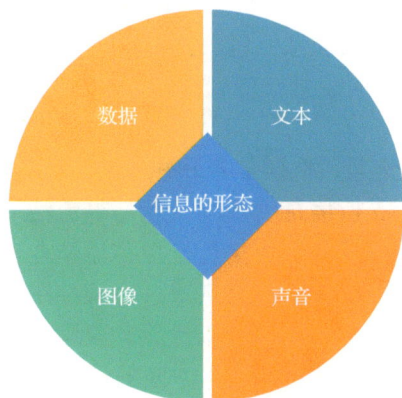

图 1-4　信息的形态

任务培训 5：什么是物流信息？

物流信息（logistics information）是反映物流各种活动内容的知识、资料、图像、数据、文件的总称。

在物流活动的管理与决策中，如运输工具的选择、运输线路的确定、在途货物的跟踪、订单管理、提高顾客服务水平等，都需要详细和准确的物流信息，如图 1–5 所示。

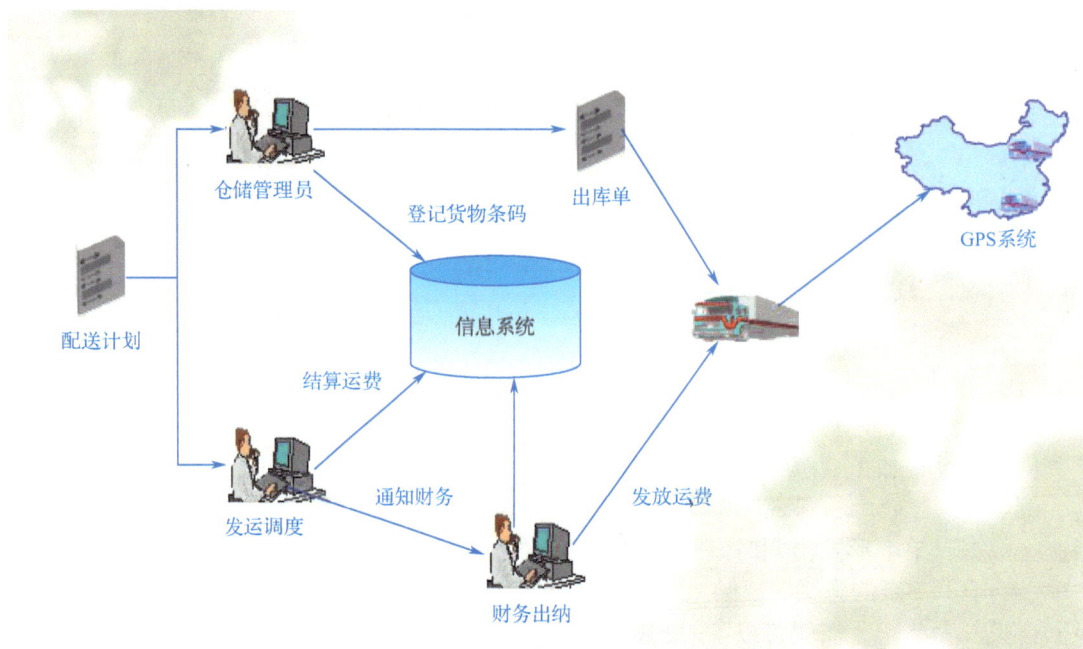

图 1–5　物流信息

任务培训 6：物流信息有哪些类别？

物流的分类有很多种，因此物流信息的分类方法就更多了，如图 1–6 所示。

（1）按不同物流功能分类。按信息产生和作用所涉及的不同功能领域分类，物流信息包括仓储信息、运输信息、加工信息、包装信息、装卸信息等。

（2）按信息环节分类。根据信息产生和作用的环节，物流信息可分为输入物流活动的信息和物流活动产生的信息。

（3）按信息的作用层次分类。根据信息作用的层次，物流信息可分为基础信息、作业信息、协调控制信息和决策支持信息。基础信息是物流活动的基础，是最初的信息源，如物品基本信息、货位基本信息等。作业信息是指物流作业过程中发生的信息，信息的波动性大，具有动态性，如库存信息、到货信息等。协调控制信息主要是指物流活动的调度信息和计划信息。决策支持信息是指能对物流计划、决策、战略具有影响或有关的统计信息或有关的宏观信息，如科技、产品、法律等方面的信息。

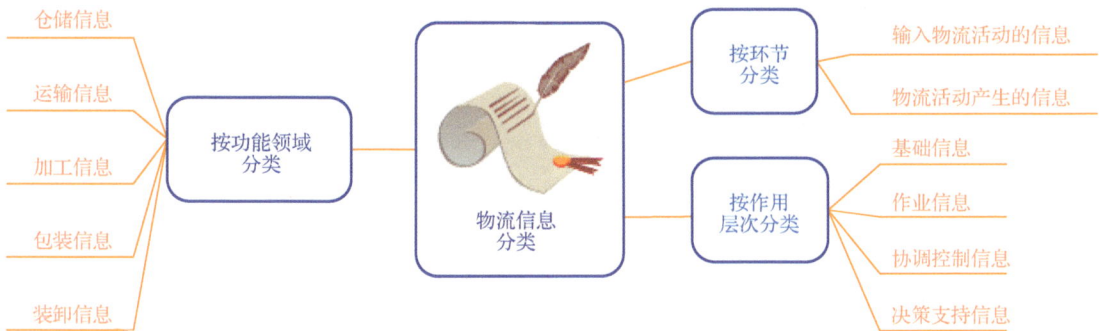

图 1-6　物流信息的分类

✎ 任务培训 7：物流信息有什么特点？

物流信息越来越趋向于自动化、网络化、智能化和再生化，如表 1-1 所示。

表 1-1　物流信息的特点

特　点	说　明	图　示
自动化	自动化设备所采集和处理的信息能被转化成用于管理的信息，它比人工输入信息更正确、更及时、更便于监督和控制	
网络化	物流配送中心与供应商、制造商和客户之间的联系是通过物流配送系统的计算机网络实现的	
智能化	为了提高物流管理水平，需要运用专家系统、机器人等技术	
再生化	物流信息在物流管理过程中可以不断地扩充和再生	

🔧 任务执行

✎ 步骤 1：信息传递的方式

团队成员在负责人的带领下，通过上网等方式查询各种拣选方式的相关资料，完成教师给定的题目，如表 1–2 所示。

表 1–2　信息传递的方式

序　号	古代信息传递的方式	现代信息传递的方式
1	信件	手机短信、微信
2		
3		
4		

✏ **步骤 2：物流业务流程——作业信息流的绘制**

　　物流业务流程具体如图 1–7 所示，请把作业信息流按顺序补充完整。

　　关键词：装车运输、订单处理、配送作业、订单管理。

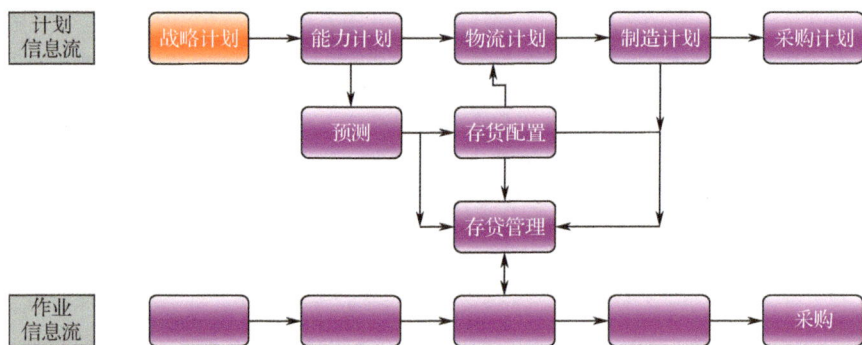

图 1–7　物流业务流程——信息流

🌱 **任务评价**

　　在完成上述任务后，教师组织进行三方评价，并对学生任务执行情况进行点评。学生完成表 1–3 的填写。

表 1–3　"认识物流信息"任务评价表

评价要素	评价标准	分值	评　　分			
			自评（10%）	小组（10%）	教师（80%）	小　计
信息传递方式	填写是否准确	45				
流程绘制	绘制是否准确	45				
分析总结		10				
合　　计		100				
评　语						

拓展提升

🔺 **拓展提升：绘制物流信息的层次结构图**

根据任务培训中物流信息分类的学习，补充绘制物流信息的层次结构图，如图 1-8 所示。

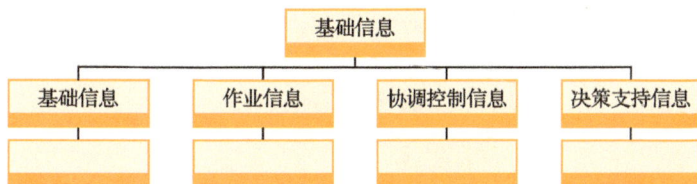

```
                    ┌──────────┐
                    │ 基础信息 │
                    └──────────┘
        ┌──────────┬────┴─────┬──────────────┐
   ┌─────────┐ ┌─────────┐ ┌───────────┐ ┌───────────┐
   │ 基础信息│ │ 作业信息│ │协调控制信息│ │决策支持信息│
   └─────────┘ └─────────┘ └───────────┘ └───────────┘
   ┌─────────┐ ┌─────────┐ ┌───────────┐ ┌───────────┐
   │         │ │         │ │           │ │           │
   └─────────┘ └─────────┘ └───────────┘ └───────────┘
```

图 1-8　物流信息的层次结构图

任务巩固

1. 以下属于数值型数据的有（　　　　）。

A. 日期型　　　　　　　B. 声音型　　　　　　　C. 整型数　　　　　　　D. 实型数

2. 以下属于非数值型数据的有（　　　　）。

A. 日期型　　　　　　　B. 声音型　　　　　　　C. 字符型　　　　　　　D. 图形型

3. 按信息的来源来划分，物流信息分为（　　　　）。

A. 计划信息　　　　　　　　　　　　B. 物流系统内信息

C. 物流系统外信息　　　　　　　　　D. 支持信息

4. 按信息的功能来划分，物流信息分为（　　　　）。

A. 计划信息　　　　　　　　　　　　B. 控制及作业信息

C. 统计信息　　　　　　　　　　　　D. 支持信息

5. 按信息的管理层次来划分，物流信息分为（　　　　）。

A. 操作管理信息　　　　　　　　　　B. 知识管理信息

C. 战术管理信息　　　　　　　　　　D. 战略管理信息

任务二　认识物流信息技术

任务展示

现阶段电商物流分拣进入了一个快速发展期，各种各样的先进技术、先进设备在物流仓库的分拣应用中层出不穷，它们的应用极大地提高了仓库分拣的作业效率、降低了仓库的拣货差错率、提高了作业的时效性。

任务描述：掌握电子标签辅助拣货技术的应用。

任务培训

任务培训1：什么是物流信息技术？

物流信息技术是指运用于物流各环节中的信息技术。根据物流的功能及特点，物流信息技术包括计算机技术、网络技术、信息分类编码技术、条码技术、射频识别技术、电子数据交换技术、全球定位系统、地理信息系统等。

任务培训2：物流信息技术有哪些？

物流信息技术具体可以分为信息采集技术、信息传递技术、自动化技术、智能化技术、信息处理技术、配送中心分拣系统和信息管理技术，如图1-9所示。

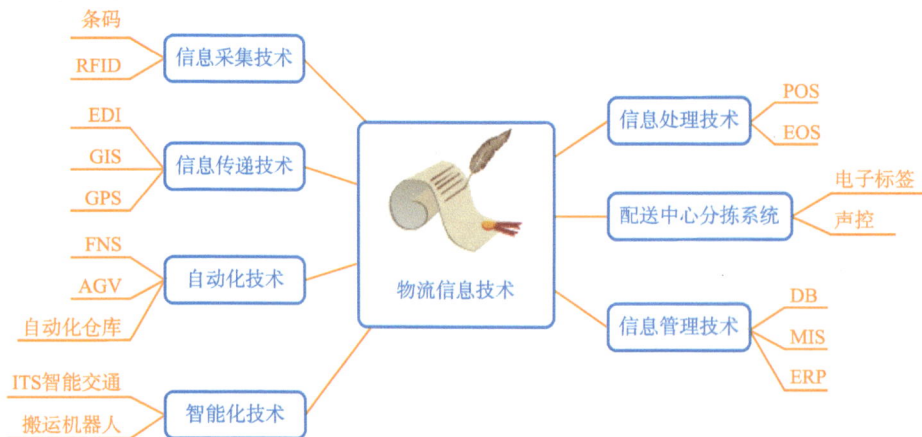

图1-9　物流信息技术分类

任务培训3：什么是物流信息系统？

物流管理信息系统也称物流信息系统（Logistics Information System，LIS），是由人员、计算机硬件/软件、网络通信设备及其他办公设备组成的人机交互系统，如图1-10所示。其主要功能是进行物流信息的收集、存储、传输、加工整理、维护和输出，为物流管理者及其他组织管理人员提供战略、战术及运作决策的支持，以达到组织的战略竞优，提高物流运作的效率与效益。

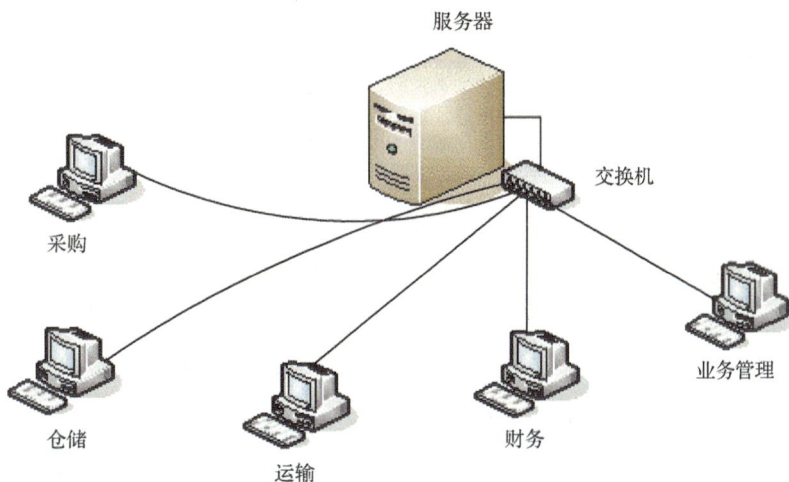

图 1-10　物流信息系统结构

✂ 任务执行

✏ 步骤 1：学习任务材料

常见的物流信息技术有信息分类编码技术、条码技术、射频识别技术、电子数据交换技术、全球定位系统、地理信息系统等，如表1-4所示。

表 1-4　常见物流信息技术说明表

信 息 技 术	说　　明
AGV	自动导引运输车，是指装备有电磁或光学等自动导引装置，能够沿规定的导引路径行驶，具有安全保护及各种移载功能的运输车
EDI	通过电子方式，采用标准化的格式，利用计算机网络进行结构化数据的传输和交换
RFID	一种非接触式的自动识别技术，它通过射频信号自动识别目标对象来获取相关数据
GIS	以地理空间数据为基础，采用地理模型分析方法，适时地提供多种空间的和动态的地理信息，是一种为地理研究和地理决策服务的计算机技术系统
GPS	在物流领域可以应用于汽车自定位、跟踪调度，用于铁路运输管理，用于军事物流

✏ 步骤 2：完成物流信息技术配对表

根据对几种物流信息技术的理解，完成表1-5的填写。

表1-5　物流信息技术应用配对表

物流信息技术	应 用 范 畴
	在生产的流水线上跟踪物体
	在货物运输中对货车进行定位跟踪
	"双十一"仓库货物搬运量大，可用机器代替人力
	在货物运输中对运输路线进行规划
	在国际贸易中用来转换装箱单等各类单据

任务评价

在完成上述任务后，教师组织进行三方评价，并对学生任务执行情况进行点评。学生完成表1-6的填写。

表1-6　"认识物流信息技术"任务评价表

评 价 要 素	评 价 标 准	分 值	评　分			
			自评（10%）	小组（10%）	教师（80%）	小计
物流信息技术应用范畴	选择是否准确	90				
分 析 总 结		10				
合　计		100				
评　语						

拓展提升

口袋中的物流信息技术

物流信息技术

任务巩固

思考各类物流信息技术还能应用在哪些行业？

沃尔玛物流信息技术的应用

沃尔玛之所以成功，很大程度上是因为它至少提前10年（较竞争对手）将尖端科技和物流系统进行了巧妙搭配。沃尔玛一直崇尚采用最现代化、最先进的系统，进行合理的运输安排，通过计算机系统和配送中心，获得最终的成功。早在20世纪70年代，沃尔玛就开始使用计算机进行管理，建立了物流的管理信息系统（MIS），负责处理系统报表，加快了运作速度。20世纪80年代初，沃尔玛与休斯公司合作发射物流通信卫星，实现了全球联物流通信卫星联网，使沃尔玛产生了跳跃性的发展。1983年，沃尔玛采用了POS机，全称Point Of Sale，就是销售始点数据系统；1985年建立了EDI，即电子数据交换系统，进行无纸化作业，所有信息全部在计算机上运作；1986年又建立了QR，称为快速反应机制，快速拉动市场需求。20世纪90年代，沃尔玛采用了全球领先的卫星定位系统（GPS）控制公司的物流，提高了配送效率，以速度和质量赢得用户的满意度和忠诚度。所有这些系统都是基于一个叫作UNIX的配送系统，并采用传送带和非常大的开放式平台，还采用产品代码，以及自动补货系统和激光识别系统，为沃尔玛节省了相当多的成本。具体应用的物流信息技术如下：

（1）"无缝"供应链的运用。

（2）射频识别技术（Radio Frequency Identification，RFID）。

（3）电子数据交换（Electronic Date Interchange，EDI）。

（4）电子订货系统（Electronic Ordering System，EOS）。

从沃尔玛的成功中可以看出，信息技术的应用虽然投资很大，但是它却能降低成本，带来无限的收益与竞争力。信息技术成了沃尔玛成功的一大法宝。

项目二
条形码技术

任务一　条形码制作

任务展示

"智慧化助力物流升级"——张三是某职业中专学校物流专业的学生，他在天猫超市的配送中心发现这里的商品有成百上千种，但是工作人员却对每种商品的状况了如指掌。电商部的计算机和全国各大配送中心的计算机连接。售出的每一件货物，都会自动记入计算机。当某一货品库存减少到一定数量时，计算机就会发出信号，自动订货并提醒商店及时进货。当客户下订单后，配送中心的工作人员把商品扫描出库，并通过快递寄送，客户随时都能查询到商品的动态位置。配送中心是如何做到这些的呢？这就是本次任务要学习的内容：条形码。

任务描述：制作一维条形码和二维条形码。

任务培训

任务培训 1：什么是条形码？

条形码（barcode）是将宽度不等的多个黑条和空白按照一定的编码规则排列，用以表达一组信息的图形标识符。

> 小贴士
> 你知道吗？最早被打上条形码的商品是箭牌口香糖。

任务培训 2：条形码怎么分类？

条形码可以分为通用商品条形码、储运单元条形码、贸易单元 128 码，如图 2-1 所示。每种条形码常用的码制如表 2-1 所示。

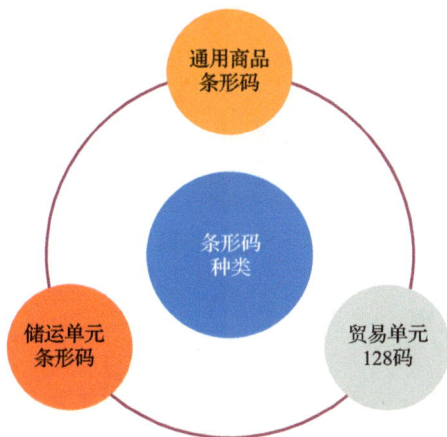

图 2-1　条形码的种类

表 2-1 条形码常用码制表

分 类	代 表 码 制	条 码 特 点
通用商品条形码	EAN—13 码	a. 前缀码：1～3 位，国际 EAN 组织标识各会员组织的代码，我国为 690、691、692。 b. 厂商识别码：4～8 位，EAN 编码组织分配给厂商的代码。 c. 商品项目代码：9～12 位，由厂商自行编码。 d. 校验码：为 1 位数字，用于检验厂商识别代码、商品项目代码的正确性
	EAN—8 码	EAN—8 码是 EAN—13 码的压缩版，用在包装面积较小的商品上。 EAN—8 码没有制造厂商代码，仅有前缀码、商品项目代码和校验码
	UPC—A 码	UPC—A 码是美国统一代码委员会制定的一种商品用条码，主要用于美国和加拿大地区
储运单元条形码	0069112345567892　ITF—14 码	主要用于物流运输、装卸、搬运、保管、配送等作业中。变量储运单元的主代码用 ITF—14 条形码标识
贸易单元 128 码	(00)0690123400000000009　EAN—128 码	EAN—128 码为物流标签，可标识的信息有生产日期、批号、计量等。 （00）为应用识别码，代表系列货运包装箱代码。 0 为包装指示码，由厂商自行分配。

✎ **任务培训 3：什么是二维码？**

　　二维码（2-dimensional bar code）是指用某种特定的几何图形按一定规律在平面（二维方向上）分布的黑白相间的图形记录数据符号信息。能够在横向和纵向两个方位同时表达信息，因此能在很小的面积内表达大量的信息。与一维码的对比如图 2-2 所示。

- 条形码　　＝　　仅在1个方向上包含信息
- 二维码　　＝　　在2个方向上（水平·垂直）包含信息

图 2-2　一维码与二维码的对比

任务培训 4：常见的二维码有哪些？

常见的二维码有 Data Matrix、Maxi Code、Aztec Code、QR Code、Vericode、PDF417、Ultracode、Code 49、Code 16K 等，如图 2-3 所示。

Data Matrix　　Maxi Code　　Aztec Code　　QR Code　　Verieode

PDF417　　Ultracode　　Code 49　　Code 16K

图 2-3　常见的二维码

任务培训 5：你见过创意条形码吗？

我们平常见到的条形码由规规矩矩的粗细不等的黑色线条再加上底下一排数字组成，作为一个商品身份标识静静地发挥其功能。在原有条形码的基础上，加入一些元素，让条形码更有创意，如图 2-4 所示。

图 2-4　创意条形码

15

任务执行

步骤 1：基础数据

物流公司 A 仓库 B 货架上存放了统一公司生产的三种货物，根据以下数据，利用条形码软件（Bartender）分别制作三种货物的商品条形码标签。货物信息如表 2-2 所示。

表 2-2　货物信息表

产品名称	产品种类	产　　地	数　量（箱）	托　盘（个）
统一奶茶	饮料	中国	80	2
统一红茶	饮料	中国	120	3
统一纯净水	饮料	中国	110	3

步骤 2：EAN—13 码制作

➢ EAN—13 码校验码的计算

EAN—13 码的最后一位为校验码，校验码通过固定算法校验代码的正确性，具体的计算如表 2-3 所示。

表 2-3　EAN—13 码校验码计算

校验码计算步骤	校验码计算例题
自右向左顺序编号	位置序号 13 12 11 10 9 8 7 6 5 4 3 2 1 代　　码　6 9 0　1 2 3 4 5 6 7 8 9 N
从序号 2 开始求出偶数位上数字之和（1）	9+7+5+3+1+9=34　　　　（1）
（1）×3=（2）	34×3=102　　　　（2）
从序号 3 开始求出奇数位上数字之和	8+6+4+2+0+6=26　　　　（3）
（2）+（3）=（4）	102+26=128　　　　（4）
用 10 减去（4）的个位数，得到差值的个位数即为校验码	10−8=2 校验码 N=2

➢ 产品条形码制作（以统一冰红茶为例）

（1）打开 BarTender 条形码软件，新建标签。设置好标签尺寸和排版后，在软件左侧工具栏中选择"EAN—13 码"，在标签上添加条形码对象，如图 2-5 所示。

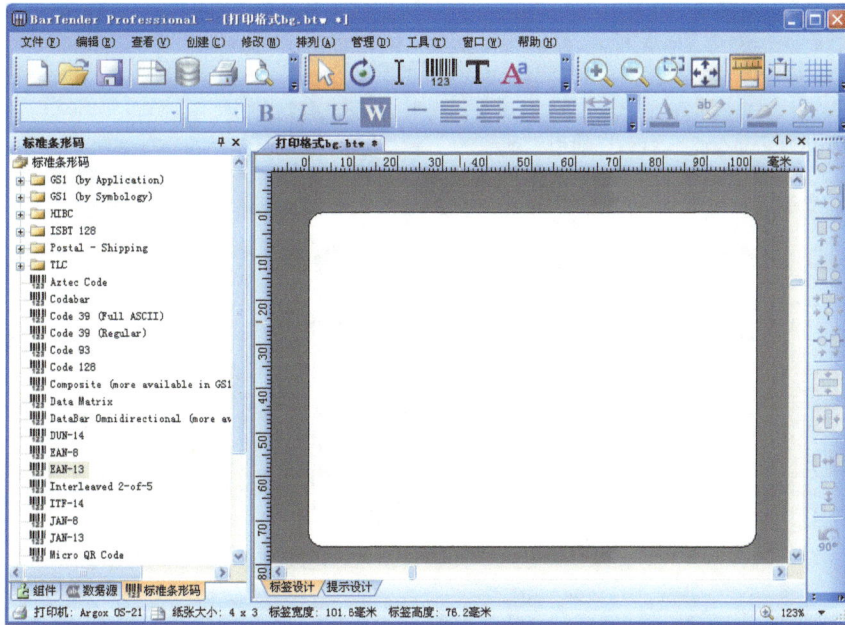

图 2-5　条形码制作步骤 1

（2）双击条形码，选择"数据源"选项，输入正确的条形码数据"6925303753863"，单击【确定】按钮，如图 2-6 所示。

图 2-6　条形码制作步骤 2

（3）单击工具栏中的文字工具 **T**，添加文本框，如图 2-7 所示。

图 2-7　条形码制作步骤 3

（4）添加文本框后，双击，输入"统一红茶"后，单击【确定】按钮。具体操作如图 2-8 所示。

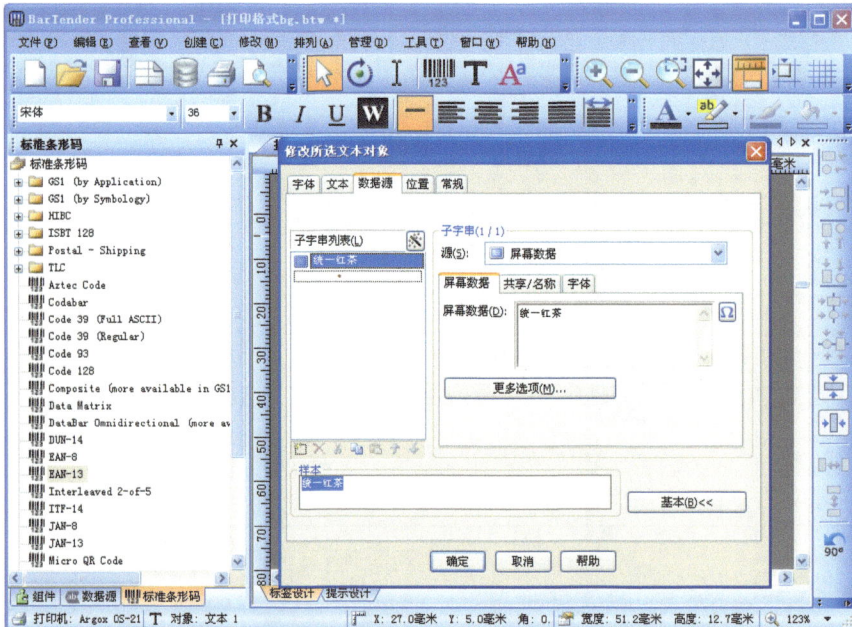

图 2-8　条形码制作步骤 4

（5）然后将文本、条形码调整到合适大小与位置，如图 2-9 所示。

图 2-9 条形码制作步骤 5

（6）依次制作其他两种货物的 EAN—13 码，并设置为合适的打印样式，如图 2-10 所示。

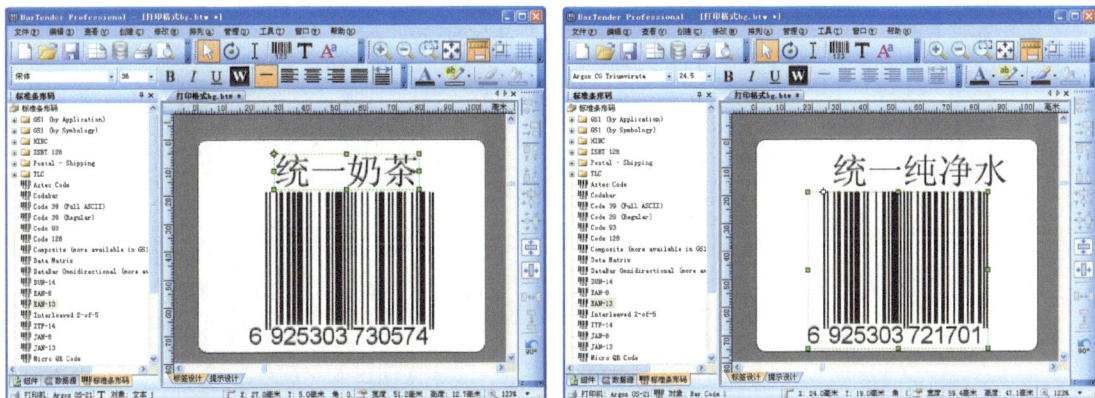

图 2-10 条形码制作样式

➢ **托盘条形码制作**

选择 ITF—14 码，按照以上操作步骤制作托盘条形码，如图 2-11 所示。

➢ **条形码制作数据源**

统一红茶的条形码为 6925303754907，在制作过程中录入成 6925303754904，或者自己制作 EAN—13 码时校验码计算错误，会出现什么情况？如图 2-12 所示。

解决方法：只要输入前 12 位，系统会自动生成正确的条形码。

图 2-11 托盘条形码制作样式

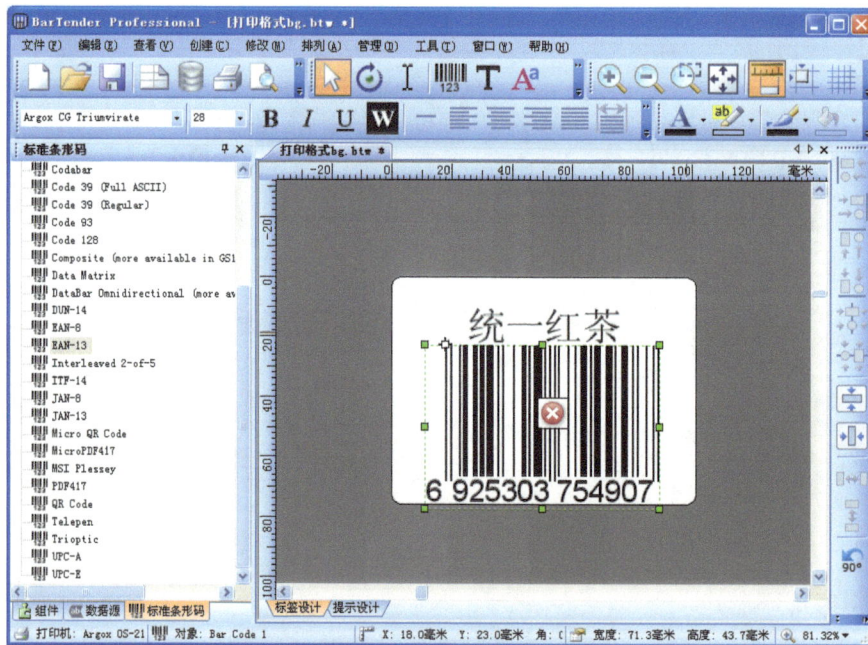

图 2-12 条形码制作数据源错误图示

任务评价

在完成上述任务后，教师组织进行三方评价，并对学生任务执行情况进行点评。学生完成表 2-4 的填写。

表 2-4 "条形码制作"任务评价表

评价要素	评价标准	分 值	评 分			
			自评 （10%）	小组 （10%）	教师 （80%）	小计
条码标签的布局	布局是否合理	30				
条码符号的设计	设计是否规范	30				
条码软件的应用能力	是否掌握软件应用	30				
分 析 总 结		10				
合 计		100				
评 语						

拓展提升

拓展提升 1：基础数据

A 客户向统一公司订购一批产品，由第三方物流组织运输，承运地点：天津—大连。请你制作物流条形码标签（包含供应商区段、承运商区段和客户区段）。

标签设计说明：

承运商区域代码，采用 EAN—128 码，内容为：410300222（401）1040090233；

客户代码，采用 EAN—128 码，内容为：4101040090233321；

供应商代码，采用 SSCC—18，内容为：0010400902331234567。

拓展提升 2：条形码制作

根据上述基础数据，利用条形码软件（Bartender）分别制作三种货物的物流条形码标签。

拓展提升 3：快递单上的条形码类型

每个快递公司的快递单上都印刷有条形码，一张一个条形码，绝对不能重复。快递公司追踪快件的信息主要就是追踪每个条形码单号，如图 2-13 所示，这样能保证快件信息的准确。

图 2-13　快递单号查询流转信息

顺丰快递单上的条形码是 Code—128Auto 类型，如图 2-14 所示。

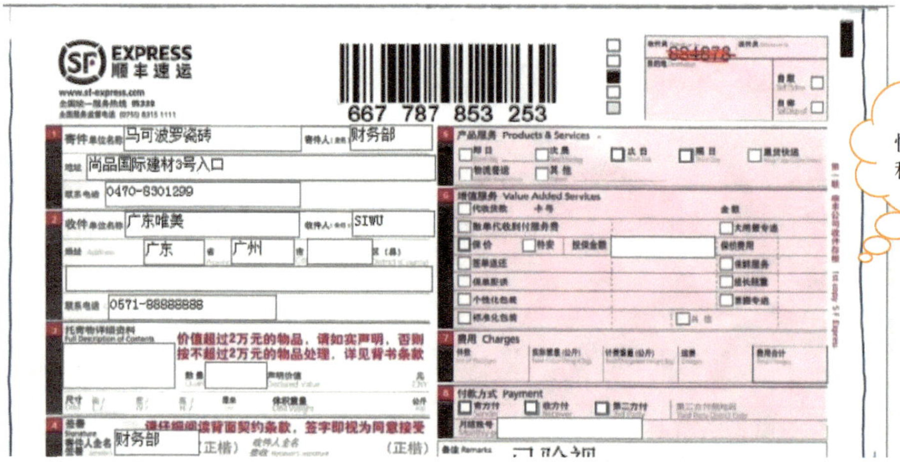

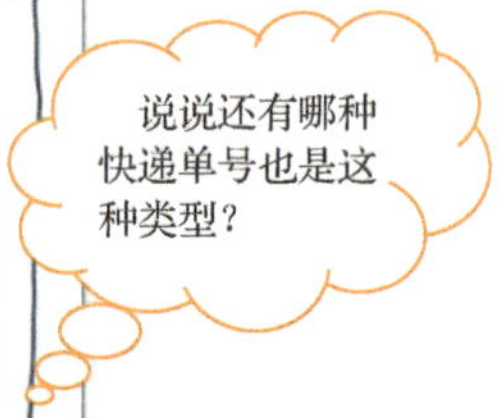

> 说说还有哪种快递单号也是这种类型？

图 2-14　顺丰快递单

韵达快递单上的条形码是 code39 类型，如图 2-15 所示。

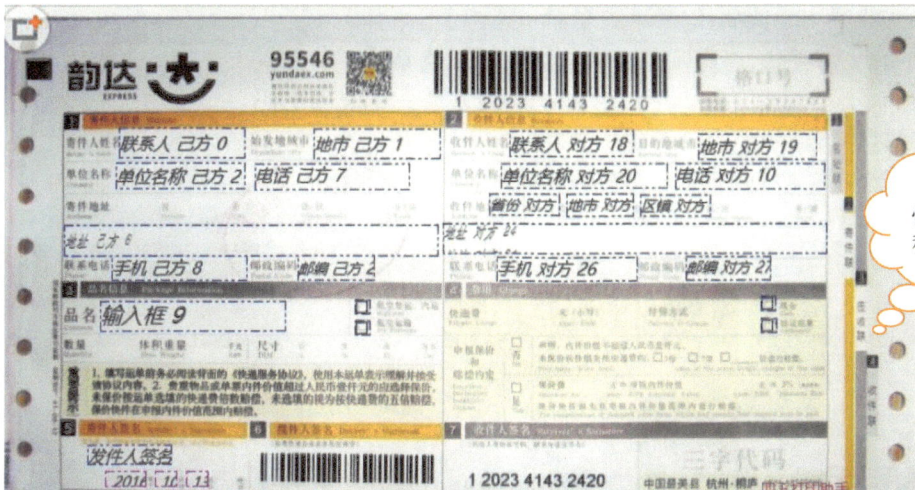

图 2-15　韵达快递单

🔺 **拓展提升 4：快递单号条形码制作**

请查询申通和圆通快递单号上的条形码类型，利用条形码软件（Bartender）分别制作 4 种快递单号条形码标签。

🔺 **拓展提升 5：二维码应用原理**

📱 **任务巩固**

二维码应用原理

1. 以下不属于物流条形码的是（　　　）。
A. 39 码　　　　　　　B. EAN 码　　　　　　C. 库德巴码　　　　　　D. ITF—14

2. 世界上最早投入使用的商品条形码，广泛运用于北美地区的是（　　　）。
A. UPC 码　　　　　B. EAN 码　　　　　C. 二维条码　　　　　D. ITF—14

3. 广泛运用于医疗卫生和图书馆行业的是（　　　）。
A. 39 码　　　　　　B. EAN 码　　　　　C. 库德巴码　　　　　D. ITF—14

4. 以下不属于模块组配型条形码的是（　　　）。
A. 39 码　　　　　　B. EAN 码　　　　　C. 库德巴码　　　　　D. UPC 码

5. 用于标识贸易单元信息，如产品批号、生产日期等的条形码是（　　　）。
A. 储运单元条形码　　　　　　　　　B. 通用商品条形码
C. 库德巴码　　　　　　　　　　　　D. 贸易单元 128 条形码

6. 用于单个商品包装上的条形码是（　　　）。
A. 储运单元条形码　　　　　　　　　B. 通用商品条形码
C. 库德巴码　　　　　　　　　　　　D. 贸易单元 128 条形码

7. 用于储运单元包装箱上的条形码是（　　　）。
A. 储运单元条形码　　　　　　　　　B. 通用商品条形码
C. 库德巴码　　　　　　　　　　　　D. 贸易单元 128 条形码

8.（　　）主要应用于商店内的 POS 系统。

A. 储运单元条形码　　　　　　　B. 商品条形码

C. 库德巴码　　　　　　　　　　D. 贸易单元 128 条形码

9. 请计算 694148011644N 的校验码。

10. 制作一个类似图 2-16 所示的物流公司二维码。

图 2-16　物流公司二维码

任务二　条形码打印的应用

任务展示

　　某配送中心使用的条形码打印机如图 2-17 所示，请根据之前条形码制作任务的学习，使用该条形码打印机打印商品条形码、物流条形码、托盘条形码等。学习条形码打印机的安装和日常保养，并掌握条形码在物流中的实际应用。

图 2-17　立象条形码打印机

任务培训

任务培训1：条形码是如何打印的？

条形码一般采用条形码打印机来印刷。条形码打印机和普通打印机的最大区别是，它以热转印为基础、碳带为打印介质完成打印，配合不同材质的碳带可以实现高质量的打印效果和在无人看管的情况下实现连续高速打印。条码等级的检测需要使用检测仪，等级为从A级到F级，如表2-5所示。

表2-5　条形码等级级别表

级　别	级 别 描 述	使 用 情 况
A级	最好	适合只沿一条线扫描并且只扫描一次的场合
B级	识读表现不如A级	适合只沿一条线扫描但允许重复扫描的场合
C级	需要重复扫描	要使用有多扫描线的设备才能识读
D级	最差	要使用有多扫描线的设备才能识读
E级	不合格	无法识读
F级	不合格	无法识读

任务培训2：如何安装条形码打印机？

（1）打开条形码打印机的机器上盖，如图2-18所示。

（2）用力按下白色方格按钮，抬起打印头；安装供应轴，固定碳带；用回收轴卷起前端的碳带，固定回收轴，整理碳带平滑度，如图2-19所示。

（3）把标签轴插入标签孔心中，固定在机器标签座架上。

（4）将不干胶前端从机芯底部按照Label指示方向穿过，底部两个标签卡位要卡住标签，调整两侧对齐。

（5）按下打印机机芯，再次调整碳带。

（6）盖上机器上盖。

条码打印机碳带及标签纸安装

图2-18　条形码打印机安装步骤1

纸卷支撑轴
打印头模组
打印头关锁卡条
打印头关锁卡条

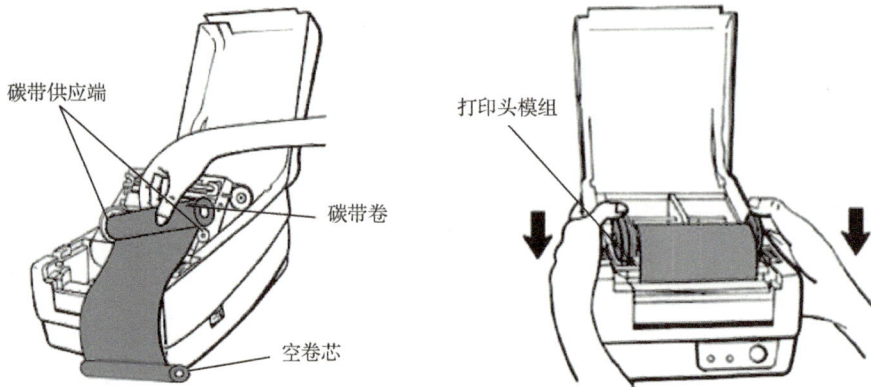

碳带供应端
碳带卷
空卷芯
打印头模组

图 2-19　条形码打印机安装步骤 2

任务培训 3：条形码是如何识读的？

条形码识读技术是一种将条形码符号所表示的编码内容读取出来，转化为计算机可识别的数据的综合性技术。

任务培训 4：条形码识读设备有哪些？

条形码识读设备包括 CCD 扫描器（如图 2-20 所示）、激光扫描器（如图 2-21 所示）。其设备性能对比如表 2-6 所示。

图 2-20　CCD 扫描器

图 2-21　激光扫描器

表 2-6　条形码识读设备性能对比

条形码识读设备种类	性 能 对 比
CCD 扫描器	性能可靠，寿命长，扫描距景深短； 价格比激光扫描枪便宜
激光扫描器	可用于读取距离超过 30cm； 首读识别成功率高； 用于危险区域的灵活防护

![扳手图标] **任务执行**

分组进行条形码打印机碳带和标签纸安装训练，并把任务一中的商品条形码和托盘条形码、物流条形码打印出来。

把任务一中的公司二维码打印出来，使用手机扫一扫功能能扫描二维码，并说明制作的二维码是否正确。

![图标] **任务评价**

在完成上述任务后，教师组织进行三方评价，并对学生任务执行情况进行点评。学生完成表 2-7 的填写。

表 2-7　"条形码打印应用"任务评价表

评价要素	评价标准	分值	自评（10%）	小组（10%）	教师（80%）	小计
条形码打印机碳带安装	安装是否正确	15				
条形码打印机标签安装	安装是否合理	15				
打印商品等条形码	打印是否合理	15				
打印公司二维码	打印是否合理	15				
二维码扫描	是否能扫描	10				
职业素养	是否爱护设备	20				
分析总结		10				
合计		100				
评语						

![图标] **拓展提升**

![箭头] **拓展提升 1：条形码在库存系统中的应用**

请根据图 2-22 中的内容，说明如何在仓库管理中使用条形码技术及所带来的效益。

![箭头] **拓展提升 2：条形码管理应用**

小李是某电商超市配送中心洗护类产品拣货组的组长，该类产品共有 6 个品牌存放于 6 组货架上。请你为这 6 种洗护产品设置仓库条形码，能根据仓库条形码快速找到产品，并能达到先进先出。产品信息如表 2-8 所示。

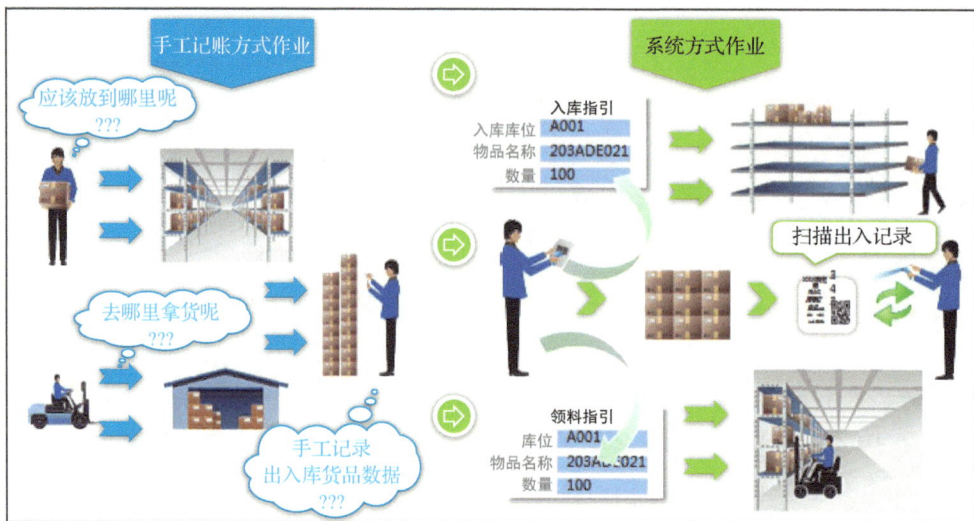

图 2-22 条形码在库存系统中的应用

表 2-8 电商超市部分货品信息

产品品牌	库房号	货架号	生产日期	供应商号	仓库条形码
多芬洗发水	01	1	2017.03	01	
力士洗发水	01	2	2017.02	01	
飘柔洗发水	01	3	2017.03	02	
海飞丝洗发水	01	4	2017.01	02	
水之密语洗发水	01	5	2017.04	03	
丝蓓绮洗发水	01	6	2017.03	03	

条形码设置可采用"供应商号+库房号+货架号+生产日期"的规则。
例如，多芬洗发水的仓库条形码可设置为"010111703"。

拓展提升 3：二维码在物流中的应用

进口商品在仓库配货时，相应的订单配货单会有二维码，客户可以扫描二维码对商品进行溯源追踪，如图 2-23 所示。

任务巩固

1. 思考条形码技术还能应用在哪些领域？
2. 哪种扫描器能读取透明塑料袋上的条形码？如图 2-24 所示。

图 2-23　二维码在物流中的应用

透过包装从反面看条码时，

看起来就像这样

图 2-24　透明塑料袋条形码示意图

物流资讯

双十一 6.57 亿件包裹背后：为何还能更快送到你手中？

2016 年"双十一"当天 6.57 亿的包裹量连在一起，相当于从地球到月球的距离——38 万公里；当它们平铺开来，能足足铺满 5 个澳门。

根据 11 月 25 日菜鸟网络公布的 2016 年"双十一"物流报告，今年"双十一"每个包裹送到消费者手上的时间比 2015 年再次缩短 15 个小时，这相当于为用户节省了 112.5 万年。

这是一场数据战争，也是一场物流业从混凝土到互联网的巨变。

菜鸟 2016 年"双十一"物流报告表明，从签收时间看，2013 年"双十一"包裹签收过 1 亿用了 9 天，2014 年用了 6 天，到 2015 年提速到了 4 天，2016 年则进一步提速只用 3.5 天。这背后，菜鸟不拥有一辆车、一个快递员，通过多地分仓、就近配送、路径优化、电子面单和智能分单提效，以及帮助快递员以数据和技术的力量，实现了这场亿级包裹之战的胜利。

依托智能化监控系统，快递公司也得以减负。"双十一"之后快递派送高峰期，在圆通监控中心，可以即时看到车辆运行、一线操作现场等情况，更加灵活完善地去指导资源配置。在快递公司的分拨中心，依托智能分单的自动流水线每小时可以处理数万件包裹，准确率达99.9%，相当于200个操作员培训半年后同时操作（准确率还只有95%）。菜鸟在广东、浙江、天津的大型自动化流水线和智能机器人也大大提高了商品拣选、打包和出库的流程。最新的2016年"双十一"物流报告显示，根据测算，在传统需要2000人的仓库，运用自动化流水线后，作业人数可以减少到500人以内。除了自动化的流水线，机器人也在菜鸟仓库内开始测试运行。从消费者下单到出库的整个过程，AGV机器人、智能缓存机器人、360度运行的拣选机器人、带有真空吸盘的播种机器人流水作业，上演一部机器人总动员。

项目三
无线射频识别技术

任务一　认识RFID

📋 任务展示

　　专注进口商品销售的连锁品牌"绿叶子"，其首家支持无人值守模式的智慧超市已于8月份落地北京达美中心，取消传统收银台、应用RFID技术、采用更智能的商品管理模式、融入视觉技术和智能监控系统，是绿叶子首家智慧超市区别于传统商超的特色所在。业内专家称，从技术层面讲，目前可以落地、相对稳定的无人店解决方案，RFID无疑是最靠谱的，其他所谓的看似高大上的技术还只是起到辅助作用或处于实验阶段，甚至有些只能说是鸡肋，对消费者在购物中识别商品到结算这一最关键的环节起不到有效作用。而应用RFID技术管理商品及倡导自助购物的模式，可使传统零售业在管理成本上得到有效下降，同时如盘点货品等需要大量人工和时间去维护的工作，也能得到快速有效的解决，大幅提升管理效率。专家说RFID技术是实现无人店最靠谱的技术。何为RFID？带着这个疑问，开始我们要学习的内容：RFID。

　　任务描述：掌握RFID的应用。

👨‍🏫 任务培训

✏️ 任务培训1：什么是RFID？

　　无线射频识别技术（Radio Frequency Identification，RFID），是一种无线通信技术，利用射频信号通过空间耦合（交变磁场或电磁场）实现无接触信息传递并通过所传递的信息达到识别目的的技术。

　　RFID是一种非接触式自动识别技术，通过射频信号自动识别目标对象并获取相关数据，识别工作无须人工操作，可应用于各类恶劣环境。

　　RFID技术广泛应用于信息、制造、材料等诸多高技术领域，涵盖无线通信、芯片设计与制造、天线设计与制造、标签封装、系统集成、信息安全等技术。

✏️ 任务培训2：RFID的组成

　　应答器（电子标签）：由耦合元件及芯片组成，一般来说都是用标签作为应答器，每个标签具有唯一的电子编码，附着在物体上标识目标对象，如图3-1所示。

　　阅读器：由天线、耦合元件及芯片组成，是读取（有时还可以写入）标签信息的设备，可设计为手持式或固定式，如图3-2所示。

图3-1　电子标签

图 3-2 电子标签阅读器

应用软件系统：是应用层软件，主要是把收集的数据做进一步处理，并为人们所使用。RFID 系统如图 3-3 所示。

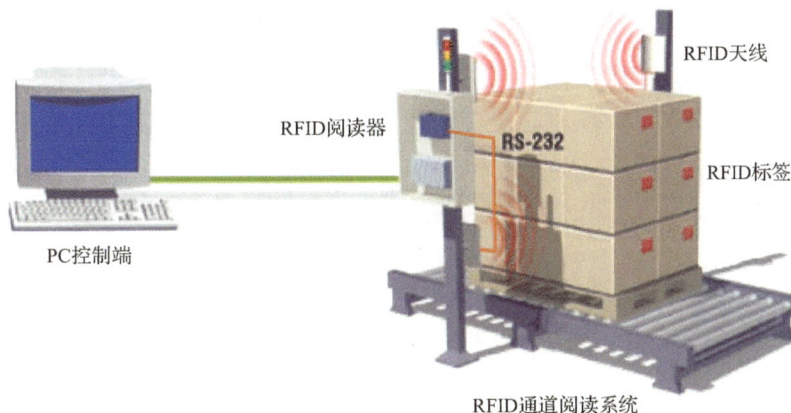

图 3-3 RFID 系统

任务培训 3：RFID 的分类

RFID 技术中所衍生的产品有三大类：无源 RFID 产品、有源 RFID 产品、半有源 RFID 产品。

被动标签由阅读器产生的磁场中获得工作所需的能量，也称为无源标签。无源 RFID 产品发展最早，也是发展最成熟、市场应用最广的产品。例如，公交卡、食堂餐卡、银行卡、宾馆门禁卡、二代身份证等，这个在我们的日常生活中随处可见，属于近距离接触式识别类，如图 3-4 所示。

图 3-4 无源 RFID 产品

主动标签由于其自身有能量提供，因此可以无须阅读器提供能量，也称为有源标签。有源 RFID 产品是最近几年慢慢发展起来的，其远距离自动识别的特性，决定了其巨大的应用空间和市场潜质。在远距离自动识别领域，如智能监狱、智能医院、智能停车场、智能交通、智慧城市、智慧地球及物联网等领域有重大应用。有源 RFID 在这个领域异军突起，属于远距离自动识别类，如图 3-5 所示。

例如，门禁的使用，佩戴有源标签的员工，经过办公门，阅读器自动扫取员工信息并传达给控制器，控制器接收命令打开办公门，如图 3-6 所示。

图 3-5 有源 RFID 产品

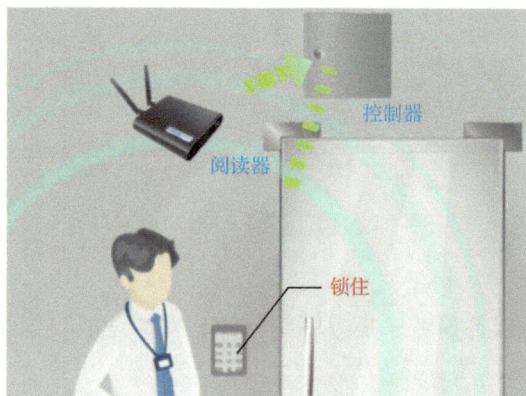

图 3-6 RFID 系统应用于门禁

半有源 RFID 技术是一项易于操控、简单实用且特别适合用于自动化控制的灵活性应用技术，识别工作无须人工干预，它既可支持只读工作模式也可支持读 / 写工作模式，且无须接触或瞄准；可以替代条形码，如用在工厂的流水线上跟踪物体；长距射频产品多用于交通上，识别距离可达几十米，如自动收费或识别车辆身份等。

任务培训 4：各种 RFID 的对比

各种 RFID 的对比如表 3-1 所示。

表 3-1 各种 RFID 的对比

指　　标	有源 RFID	无源 RFID	半有源 RFID
标签大小	大	小	大
寿命	中	短	长（维护好，10 年以上）
标签电源	电池	利用无线波能量工作	电池（进入工作状态前处于休眠状态）
工作环境	在高温或低温下能正常工作	在高温或低温下电池不能正常工作	可在油烟油渍恶劣环境下工作
成本	贵	便宜	一般

✄ 任务执行

RFID 与条形码的区别

根据所学知识并结合网络平台或各类书籍收集的信息完成表 3-2。

表 3-2　RFID 与条形码区别调查表

功　　能	RFID	条　形　码	
		一维条形码	二维条形码
读取数量			
远距离读取能力			
数据容量			
制作成本			
环境的感应性			

任务评价

　　在完成上述任务后，教师组织进行三方评价，并对学生任务执行情况进行点评。学生完成表 3-3 的填写。

表 3-3　"认识 RFID"任务评价表

评价要素	评价标准	分值	评分			小计
			自评（20%）	小组（20%）	教师（60%）	
RFID 技术和条形码技术的比较	表格填写正确	50				
	展示时声音洪亮、举止得体	30				
	讨论过程全员参与，纪律良好	20				
合　计		100				
评　语						

拓展提升

拓展提升 1：RFID 系统的工作原理

在工作时，RFID 读写器通过天线持续发送出一定频率的信号，当 RFID 标签进入磁场时，凭借感应电流所获得的能量发送出存储在芯片中的产品信息（Passive Tag，无源标签或被动标签），或者主动发送某一频率的信号（Active Tag，有源标签或主动标签）；随后读写器读取信息并解码后，将数据传输到中央信息系统进行有关的数据处理，如图 3-7 所示。

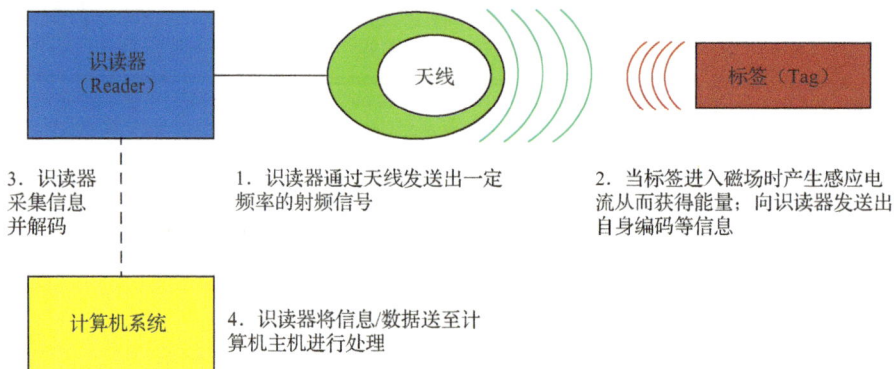

图 3-7 RFID 系统组成及工作原理

拓展提升 2：RFID 的分类

根据 RFID 系统完成的功能不同，可将 RFID 系统分为以下类型：EAS 系统、便携式数据采集系统、物流控制系统、定位系统。

➤ EAS 系统

EAS（Electronic Article Surveillance）是一种设置在需要控制物品出入的门口的 RFID 技术，应用在商店、图书馆、数据中心等地方，当未被授权的人从这些地方非法取走物品时，EAS 系统就会发出警告。

在应用 EAS 系统时，首先在物品上粘贴 EAS 标签，当物品被正常购买或合法移出时，在结算处通过一定的装置使 EAS 标签失活，物品就可以取走。物品经过装有 EAS 系统的门口时，EAS 装置能自动检测标签的活动性，发现活动性标签时 EAS 系统会发出警告。不管是大件的物品，还是很小的物品，EAS 技术的应用可以有效防止物品被盗。

➢ **便携式数据采集系统**

便携式数据采集系统是使用带有 RFID 阅读器的手持式数据采集器采集 RFID 标签上的数据。这种系统具有比较大的灵活性，适用于不宜安装固定式 RFID 系统的应用环境。手持式阅读器可以在读取数据的同时，通过无线电波数据传输方式实时向主计算机系统传输数据，也可以暂时将数据存储在阅读器中，成批地向主计算机系统传输数据。

➢ **物流控制系统**

在物流控制系统中，RFID 读写器分散布置在给定的区域，并直接与数据管理信息系统相连，信号发射机是移动的，一般安装在移动的物体或人上。当物体、人流经过阅读器时，读写器会自动扫描标签上的信息并把数据信息输入数据管理信息系统存储、分析、处理，达到控制物流的目的。

➢ **定位系统**

定位系统广泛应用于自动化加工系统中的定位及对车辆、轮船等进行运行定位支持。在实际操作中将读写器放置在移动的车辆、轮船上或自动化流水线中移动的物料、半成品及成品上。信号发射机嵌入到操作环境的地表下，信号发射机上存储有位置识别信息，读写器一般通过无线的方式或有线的方式连接到主信息管理系统。

任务巩固

1. 无线射频识别技术的英文简写是（　　）。
A. EAN—13　　　　B. EAN 码　　　　C. RFID　　　　D. ITF—14
2. 以下不属于 RFID 的组成部分的是（　　）。
A. 应用软件系统　　B. 应答器　　　　C. 阅读器　　　　D. 托盘车
3. 以下不属于 RFID 分类的是（　　）。
A. 有源标签　　　　B. EAN 标签　　　C. 半有源标签　　D. 无源标签
4. 二代身份证属于（　　）。
A. 有源标签　　　　B. 无源标签　　　C. 半有源标签　　D. EAN 标签
5. 有源 RFID 的电源是（　　）。
A. 电池　　　　　　　　　　　　　　　B. 利用无线波能量工作
C. 电池（进入工作状态前处于休眠状态）　D. 太阳能
6. RFID 的读取数量可以是（　　）个。
A. 1　　　　　　　　B. 2　　　　　　C. 3　　　　　　D. 多
7. 以下可以在光线不足的条件下进行读取作业的标签是（　　）。
A. 一维条形码　　　B. 二维条形码　　C. RFID　　　　　D. 贸易单元 128 条形码
8. 以下使用寿命最长的 RFID 是（　　）。
A. 有源标签　　　　B. 无源标签　　　C. 半有源标签　　D. EAN 标签
9. RFID 每个标签具有（　　）电子编码。
A. 多个　　　　　　B. 唯一的　　　　C. 两个　　　　　D. 三个

任务二 ▶ RFID 在物流中的应用

◈ 任务展示

　　无线射频识别技术（RFID）的应用，最早可追溯到第二次世界大战时期，美国军方曾用于识别盟军飞机，20 世纪 80 年代开始兴起并逐渐走向成熟。该技术利用无线射频方式进行非接触的双向通信以达到识别目的，并交换数据，以实现人们对各类物品或设备（人员、车辆、物品）在不同状态（移动、静止或恶劣环境）下的自动识别和管理。与传统条形码相比，RFID 无须接触，无须人工干预，在物品监管上有独特的优势适合于实现系统的自动化且不易损坏，可识别高速运动物体并可同时识别多个射频卡，操作快捷方便。在可以预见的时间内，RFID 标签将高速发展，并对交通运输产生重大影响。

　　任务描述：掌握 RFID 技术的应用。

✎ 任务培训

✏ 任务培训 1：RFID 在仓储中的应用

　　RFID 识别采集作为实现仓储管理的基础和手段，贯穿于物流仓储管理的各个业务流程，如图 3-8 所示。

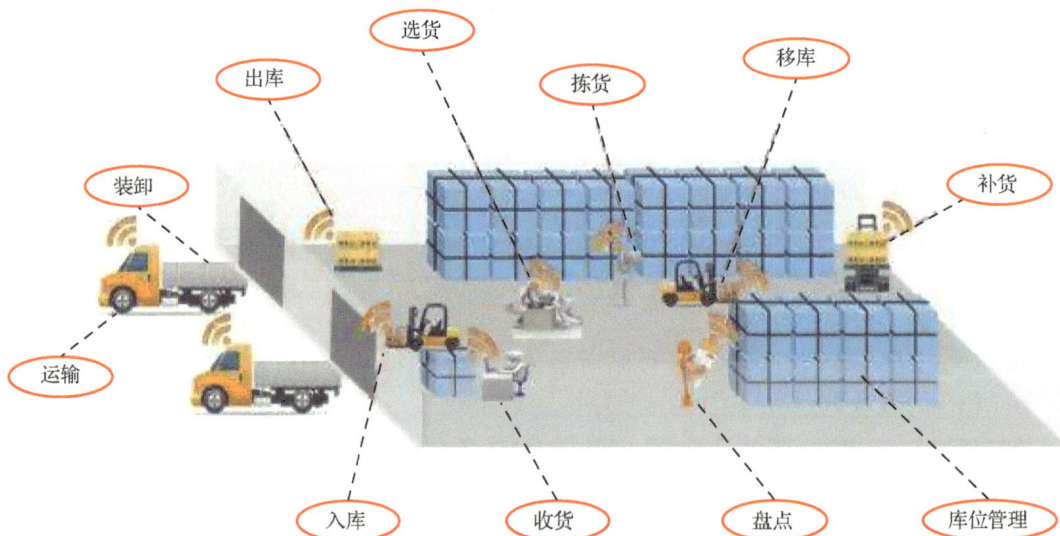

图 3-8　RFID 在仓储中的应用

➤ 发卡贴标

　　对新购置的货物进行贴标操作，使其配备电子标签。标签的唯一 ID 号或用户写入数据可作为货物的标识码，其数据用于记录货物名称、购入时间、所属仓库、货物属性等信息。当安装在各个通道的读写器识别到标签时便可自动获取货物的所有信息。

> ➢ 入库

在货物进入仓库前，工人先将 RFID 电子标签贴在包装盒上，成批装箱后贴上箱标，需打托盘的也可在打完托盘后贴上托盘标。包装好的产品由装卸工具经由 RFID 阅读器与天线组成的通道进行入库，RFID 设备自动获取入库数量并记录于系统，如贴有托盘标的，每个托盘货物信息通过进货口读写器写入托盘标，同时形成订单数据关联，通过计算机仓储管理信息系统运算出库位（或人工在一开始对该批入库指定库位），通过网络系统将存货指令发到仓库客户端（或叉车车载系统），叉车员按照要求存放到相应库位。入库完成后，系统更新库存资料并标注各批次货物的库位信息，如图 3-9 所示。

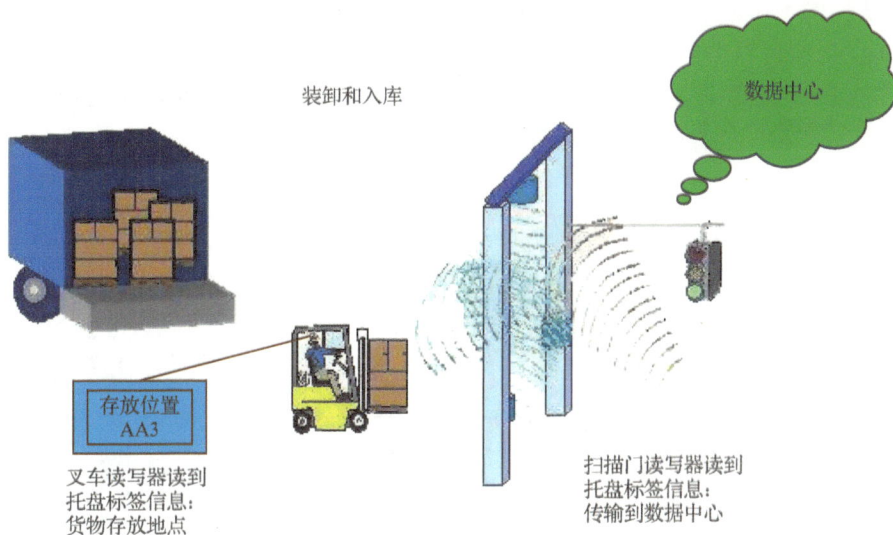

图 3-9 RFID 在仓储中的应用（装卸与入库）

> ➢ 出库

物流部门的发货人根据销售要求的发货单生成出库单：即根据出库优先级向仓库查询出库货物存储仓位及库存状态，如有客户指定批号则按指定批号查询，并生成出库货物提货仓位及相应托盘所属货物和装货车辆。领货人携出库单至仓库管理员，仓管员核对信息安排叉车司机执行对应产品出库。叉车提货经过出口闸，出口闸 RFID 阅读器读取托盘上的托盘标获取出库信息，并核实出货产品与出库单中列出产品批号和库位是否正确。出库完毕后，仓储终端提示出库详情供管理员确认，并自动更新资料到数据库。

> ➢ 调拨和移库

要进行调拨移库的货物，通过进出通道时会被安装在通道旁的读写器所识别，读写器记录当前标签信息并发送至后台中心。后台中心根据进出通道识别标签的先后顺序等判断其为入库、出库还是调拨等。

还可以通过手持机进行货物移位的操作，当仓库管理员发现某个货物被放错位置时，可手动安放好货物，同时通过手持机更改标签信息并发送给服务器，实现快捷便利的移位操作。

> **库存盘点**

工作人员可采用手持阅读器方式定期盘库，近距离读取货物标签信息，并与后台管理系统比对，如人工盘点库位货物品种、数量、生产日期与后台系统不一致，可现场对系统信息进行修正。

利用先进的 RFID 技术、无线局域网、数据库等技术，将整个仓库管理与射频识别技术相结合，能够高效地完成各种业务操作，大幅度减少现有模式中查找、定位货位和货物信息的时间，大大加快了出、入库单的流转速度，增强了仓储系统的处理能力，并且提高了人员和设备的利用率，减少了不必要的耗费，降低了物流成本。因此，在物流仓储管理中应用 RFID 技术可以满足现代物流管理模式下仓储管理系统的需求。

任务培训 2：RFID 在集装箱管理中的应用

RFID 在交通运输中具有其他技术不可替代的优势和特点，其发展前景极其广阔。利用 RFID 和 GPS 技术能够动态采集物流过程中物品的变化信息和地理位置信息，RFID 自动读取物流车装载的物品，无须人工操作，如图 3-10 所示。

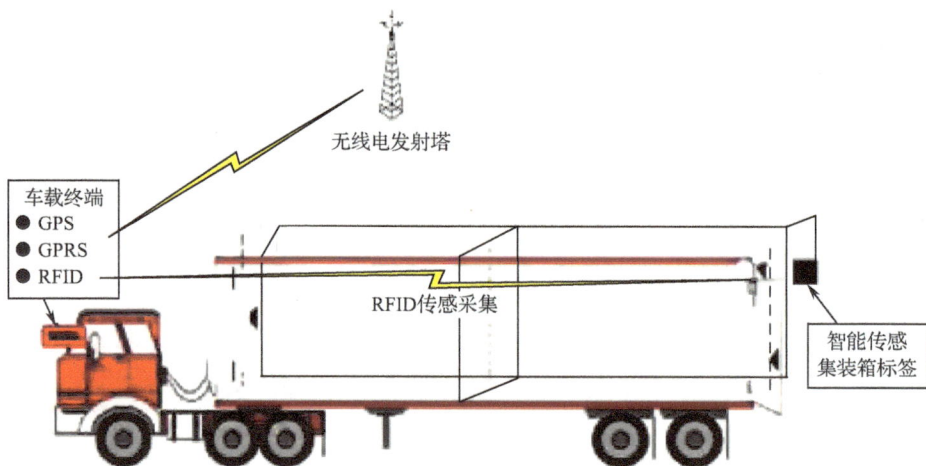

图 3-10　RFID 在集装箱管理中的应用

> **系统原理**

在集装箱箱体外部和内部货物均加装多个有源 RFID 标签，工作可靠性高，信号传送距离远，结合 GPS 技术后，能在集装箱状态发生变化时实时将状态变化发生的时间、地点及周围的环境信息上传到货主或管理人员的管理系统上，实现集装箱的实时跟踪。

> **标签应用**

RFID 标签分为集装箱标签和货物标签，其作用分别如下。

（1）集装箱标签采用具有 RFID 铅封作用的标签，其安装在集装箱的门上（如图 3-11 所示），但其中的芯片几乎储存着集装箱的所有信息：货物名称、件数、起运港、目的港、船公司、货主等。当集装箱打开时，RFID 的标签状态将发生变化，并即时将状态信息发送给读写器进行报警通知。

（2）货物标签贴附在集装箱内的货物上，作为货物的 ID 标识。

图 3-11 集装箱电子标签

集装箱和货物与电子标签进行 ID 标识，将标签数据信息录入数据中心，对集装箱和货物实行全程实时在线监控，集装箱物流链的所有节点可随时在系统中查询物流信息，合法和非法开箱的时间和地点均能准确记录并在系统中实时显示，包括集装箱信息、货物信息、装 / 卸车信息、箱运的信息、查验信息、开 / 关箱门的时间、地理位置、状态、物流信息等都能即时查询，且能实时地传给远在千里之外的后台管理系统。发货人通过后台管理系统可以实现集装箱和货物的追踪，了解集装箱和货物的即时方位、状态和安全状况。

任务培训 3：RFID 在其他领域的应用

以 RFID 为基础的软硬件技术构建的 RFID 信息系统，将使产品、仓储、采购、运输、销售及消费的全过程发生根本性的变化。目前，RFID 技术已经在物流的诸多环节中发挥着重要的作用。

➤ **生产环节**

RFID 技术应用于生产环节中的生产线上，能够实现生产线的自动化和原料、产品的识别定位，这将大大减少人工识读成本和出错率，同时也大大提高了生产的效率和质量。RFID 技术还能够对产品进行信息的收集、处理，帮助生产人员轻松地掌握整个生产线的运作情况和产品的生产进度。

➤ **配送 / 分销环节**

在配送环节，采用射频技术能大大加快配送的速度和提高拣选与分发过程的效率和准确率，并能减少人工、降低配送成本。如果到达中央配送中心的所有商品都贴有 RFID 标签，在进入中央配送中心时，托盘通过一个阅读器读取托盘上所有货箱上的标签内容。系统将这些信息与发货记录进行核对以检测出可能的错误，然后将 RFID 标签更新为最新的商品存放地点和状态。

➤ **运输环节**

在运输环节中通过 RFID 技术，将运输的货物和车辆贴上 RFID 标签，在运输线的检查点上安装上 RFID 接收装置，接收装置检测到 RFID 标签信息后，将标签信息、地理位置等经由 Internet 发送给运输调度中心，这样供应商和经销商就能够比较方便地查阅货物现在所处的状态。

➤ 销售环节

在销售环节中，RFID 可以改进零售商的库存管理。当货物被顾客取走时，装有 RFID 识读器的货架能够实时地报告货架上的货物情况，并通知系统在适当的时候补货。同时，对贴有 RFID 标签的货物能够监控其移动、位置等。所有的这些都大大节约了人工成本、减少了出错、提高了效率。

✏ 任务培训 4：RFID 典型行业的应用模式

目前，RFID 物流行业典型应用大概有快运业务、第三方综合物流业务和防伪产品物流业务三种模式。

➤ 快运业务模式

与传统快运业不同的是，RFID 技术可以主动向主人汇报快递的运送情况，在很大程度上增加了快递业务的透明度。在快运业务模式中，RFID 电子标签会加贴在单件货物、包装箱、托盘、集装箱、运输车辆等不同包装层次上，所以对于无论是批量还是单个的管理物流产品在运送过程中的路线等信息都是非常方便的。在快运业务模式中应该充分发挥 RFID 技术的非可视传输、批量读 / 写、信息储存容量大等技术优势。

➤ 第三方综合物流业务模式

第三方综合物流是指商品交易双方之外的第三方为商品交易双方提供部分或全部物流服务的物流运作模式。第三方综合物流模式将为物流客户提供应用 RFID 技术的完整成熟解决方案，其中应用环节包括原材料和零配件的管理、产成品的分拨配送、回收物流、VMI 服务等。第三方综合物流业务需要对企业自身的管理信息系统进行改造，涉及系统包括运输管理系统、仓库管理系统、采购管理系统、配送管理系统等。

➤ 防伪产品物流业务模式

利用射频识别技术防伪，与其他防伪技术如激光防伪、数字防伪等技术相比，有着其他防伪技术无法比拟的优点。RFID 的每个标签都有一个全球唯一的 ID 号码，这个号码是在制作芯片时放在 ROM 中的，无法修改、无法仿造，而且具有防机械磨损、防污损的特点，数据安全方面除标签的密码保护外，数据部分可用一些算法实现安全管理。

RFID 技术在百货超市中的应用

RFID 技术在餐饮行业中的应用

✂ 任务执行

通过互联网，查找 RFID 在仓储管理、射频门禁、产品防伪、高速不停车、图书管理等方面的应用及其工作原理。（每组一个实训主题）

步骤 1：将全班分成若干小组，每组 4 人，选出小组长，各组小组长抽取实训主题。

步骤 2：根据抽取的选题，小组长对本组同学进行分工，进行资料的收集、筛选、整理。

步骤 3：针对本组的实训主题进行海报制作。

步骤 4：每个小组上台展示本组实训任务成果，向全班同学讲解本组抽到的 RFID 应用情况及工作原理。

任务评价

在完成上述任务后，教师组织进行三方评价，并对学生任务执行情况进行点评。学生完成表 3-4 的填写。

表 3-4　"RFID 在物流中的应用"任务评价表

评价要素	评价标准	分值	评　分			
			自评（10%）	小组（10%）	教师（80%）	小计
RFID 在仓储中的应用	是否掌握 RFID 在仓储中的应用	25				
RFID 在集装箱管理中的应用	是否掌握 RFID 在集装箱管理中的应用	25				
RFID 在其他领域的应用	是否掌握 RFID 在其他领域的应用	20				
RFID 典型行业应用模式	是否掌握 RFID 典型行业应用模式	20				
分　析　总　结		10				
合　　　计		100				
评　语						

拓展提升

拓展提升：ETC 收费系统工作原理（如图 3-12 所示）

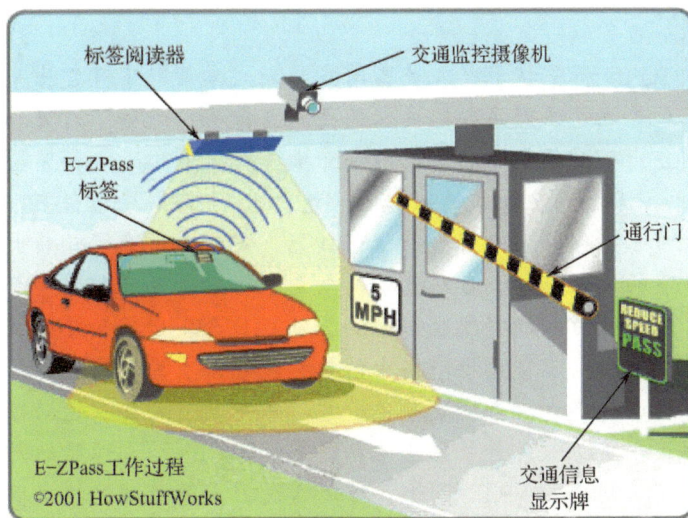

图 3-12　ETC 收费系统工作原理演示图

ETC收费系统的工作原理：

（1）当车辆接近收费站时，天线发射出的无线射频（RF）场会激活异频雷达收发机。

（2）异频雷达收发机将包含一些基本信息的信号传回通道天线。

（3）该信息由通道天线传送给中央数据库。

（4）如果这个账户的状态正常，则会从司机的预付账户中扣减相应的通行费。

（5）如果收费通道安装有闸门，这时闸门就会打开。

（6）会有一个绿灯亮起，指示司机可以通过。一些通道还会显示文字信息，提示司机交费完毕和账户余额。

完成整个过程仅需几秒钟的时间。电子系统会记录下每笔收费交易，包括时间、日期、收费站和每辆车交纳的费用。通常，消费者需维持预付账户。当账户余额不多或没有余额时，黄灯或其他信号灯会亮。

物流资讯

RFID 技术在沃尔玛物流配送的应用案例

美国零售商巨头沃尔玛商场在全球零售行业中享有的最大优势就是其配送系统效率最高。究其原因，无非是向科学技术积极要生产力，普遍采用射频识别技术标签(物联网 RFID)。同时，不断革新其持续快速补充货架的物流战略，不断引进和运用现代化供应链管理技术，货架持续保持令消费者近悦远来的足够商品数量、种类和质量，避免货物无故脱销和短缺，从而使沃尔玛在美国和世界各地的商场供应链的经济效益和服务效率大幅度提高，终于造就沃尔玛的今日辉煌。

据美国托运人研究中心 2005 年年底的一份研究报告指出，沃尔玛在其美国和世界各地的零售商场和配送中心普遍采用 RFID 标签技术以后，货物短缺和货架上的产品脱销发生率降低16%，从而大幅度提高了客户服务满意率。其实，所谓 RFID 标签无非是在每一种，甚至每一件货物上贴上技术含量远远超过条形码并且信息独一无二的 RFID 标签。在货物进出通道口时，RFID 标签能够发出无线信号，把信息立即传递给无线射频机读器，传递到供应链经营管理部门的各个环节上。于是，仓库、堆场、配送中心甚至商场货架上的有关商品的存货动态一目了然。

沃尔玛的这项 RFID 标签技术是在美国阿肯萨斯大学帮助下开发出来的，事实证明，在 RFID 标签技术和其他电子产品代码技术的大力支持下，避免了订货和货物发送的重复操作和遗漏，更不会出现产品或商品供应链经营操作规程中的死角和黑箱。

仅仅在 2005 年，沃尔玛在原来的基础上又增加使用 5000 余万件 FRID 技术标签。沃尔玛商场的工作人员手持射频识别标签技术识读器，定时走进商场销售大厅或货物仓库，用发射天线对着所有的货物一扫，各种货物的数量、存量等动态信息全部自动出现在识读器的荧光屏幕上，已经缺货和即将发生短缺的货物栏目会发出提示警告声光信号，无一漏缺。总而言之，确保沃尔玛零售商场货架上的各种产品该有的不得无故短缺，必须进一步实施商场货架快充物流战略，如果突发事件和意外事故无可避免，也必须向消费者发出提前告示，解释原因，表示道歉，并且预告货物补充的日期。令人佩服的是，分布在美国和世界各地的沃尔玛零售商场的 FRID 网络，可以通过卫星通信网络技术实施全球一体化经营管理。也就是说，沃尔玛集团的各个零售商场，各家供货商、制造商、运输服务上和中间商等的存货、销售和售后服务、金融管理等信息动态均被美国沃尔玛零售商总部全面掌握。

　　据来自美国阿肯萨斯大学的一份报告，到2005年10月底，沃尔玛已经把射频识别技术标签（RFID）等现代化供应链经营管理技术推广到美国和世界各地的500多家沃尔玛零售商场和连锁店。到2006年年底将把RFID技术的使用范围扩大到1000余家。也就是说，凡是沃尔玛零售商集团名下的所有店铺货架上的商品，供货商的产品包装箱和货物托盘等全部必须使用RFID标签，与其配套的扫描跟踪屏幕显示识读器也必须到位。其目标就是通过射频识别技术标签和电子信息网络，在第一时间和第一现场全面掌握有关沃尔玛商场货架上、托盘上、仓库中和运输途中的货物动态，其快充商场或连锁店货架物流服务战略的操作规程精确度可以达到99%以上。至于RFID标签技术成本基本上由供货商负担，因为供货商可以通过强化与沃尔玛零售商的密切关系，扩大商品的营销规模经济，降低物流成本和提高效益，从中获得相当大的技术革新投资回报率，而不是把RFID成本转嫁到积极倡导高科技供应链技术的沃尔玛零售商头上。

项目四
电子标签辅助拣货技术

任务一　认识电子标签辅助拣货技术

任务展示

ABLEPick 是一套电子标签辅助拣货系统（Digital Picking System），电子标签辅助拣货系统于国内外物流中心在拣货作业上的使用相当普遍，特别是对于多样少量的拣货形态。而采用电子标签拣货系统作为拣货辅助工具的目的，是要借由其低错误率、高拣货效率、易于使用等特性来提升整体作业品质，更进一步降低作业成本，增加利润收入。

任务描述：认识电子标签。

任务培训

任务培训 1：常见的拣货方式有哪些?

常见的拣货方式的分类如图 4-1 所示。

图 4-1　拣货方式的种类

任务培训 2：电子标签拣货的两种方式有什么区别?

➤ **摘取式拣货（DPS）**

摘取式拣货适用于按订单拣货的场合。一个电子标签对应一个或多个储位品项。操作员按照电子标签指示灯、显示数量等及时拣货，如图 4-2所示。

这种方式非常适合于高频度的大量拣货的应用。

DPS 摘取式拣选系统

➤ **播种式拣货（DAS）**

播种式拣货适用于批次拣货的场合，其功能正好与摘取式相反。一个储位代表一个客户（连锁店、生产线等），一个储位安装一台电子标签。

DAS 播种式拣货系统

操作员先通过条形码扫描把待分拣货物信息输入到系统中，相应电子标签会显示数量，操作员拿取相同数量的商品放到对应电子标签货位上，然后拍灭标签完成拣货，如图 4-3 所示。

此种方式适用于商品品种较少、配送门店相对较多的拣货作业环境。

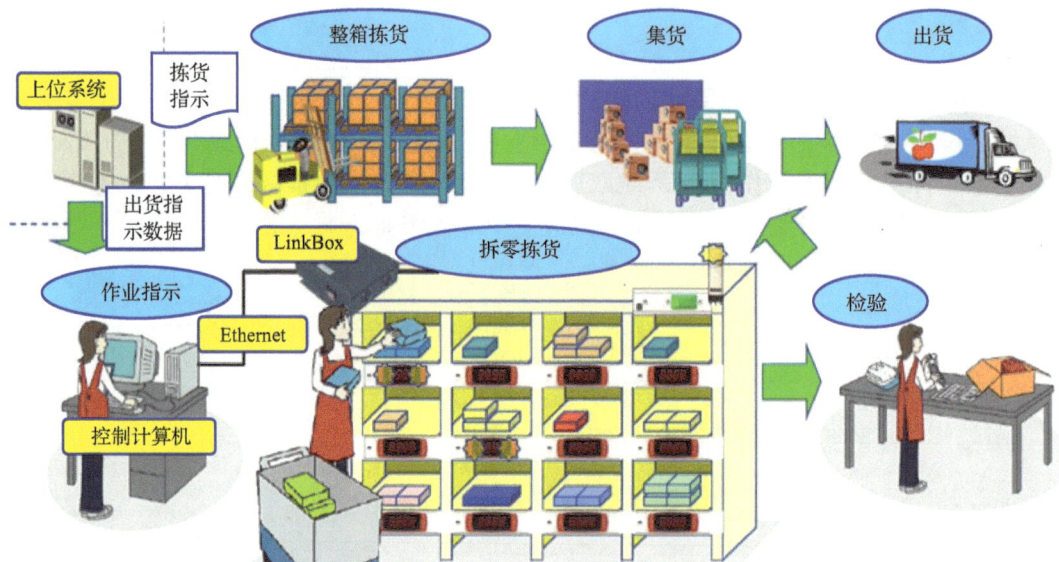

图 4-2　摘取式拣货

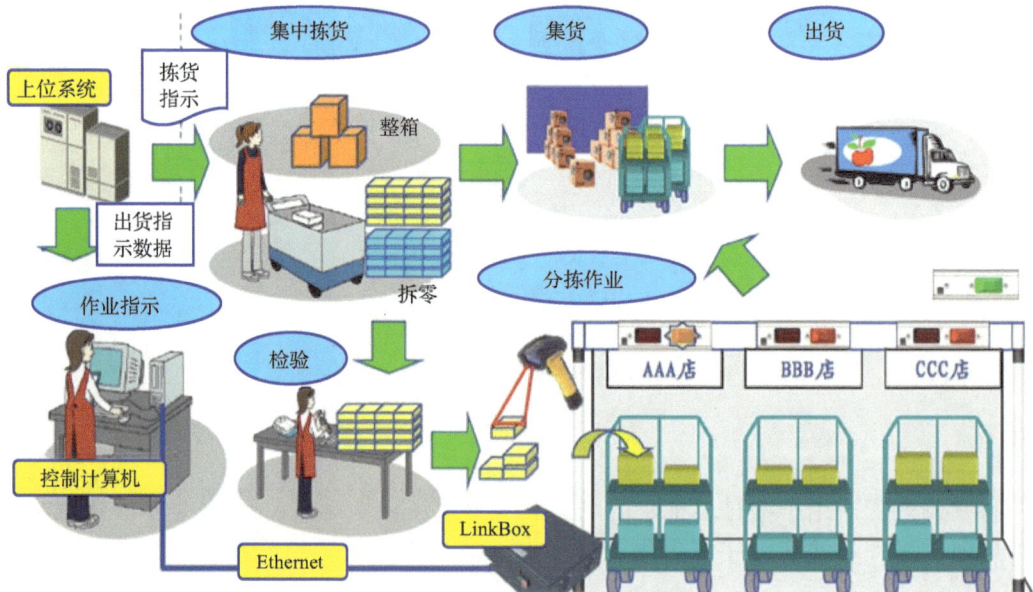

图 4-3　播种式拣货

任务培训 3：什么是电子标签辅助拣货系统？

电子标签辅助拣货系统是一组安装在货架储位上的电子设备，通过计算机与软件的控制，借由灯号与数字显示作为辅助工具，引导拣货工人正确、快速、轻松地完成拣货工作。

任务培训 4：电子标签辅助拣货系统有什么优势？

电子标签辅助拣货系统与传统的人工拣选方式相比较，可以有效降低拣货错误率，加快拣货速度，员工只需要简单培训即可上岗工作，具体的描述如表 4-1 所示。

表 4-1　两种拣货方式的比较

电子标签辅助拣货系统	传统人工拣货方式
1. 仓库工作现场基本实现无纸化	1. 浪费大量的等待时间
2. 减少寻找产品浪费的时间	2. 大脑长期处于紧张状态
3. 作业员可在数秒内准确拣选物品	3. 依赖熟练工
4. 不依赖熟练工	4. 差错率高
5. 通过电子商务平台实现远程单据下载	5. 需要进行两次输入
6. 盘点作业自动生成盘点损溢表和清单	6. 无法自动生成相关单据

> 你知道吗？据统计，汽车制造现场作业人员每拣选200个零部件就有可能拣错或拣漏一个零部件。

任务培训 5：什么是电子标签？

➤ 电子标签——一对一使用

一对一使用的电子标签，是指每个电子标签对应一个储位。LED 屏幕显示的数字即为出库货品的数量，如图 4-4 所示。

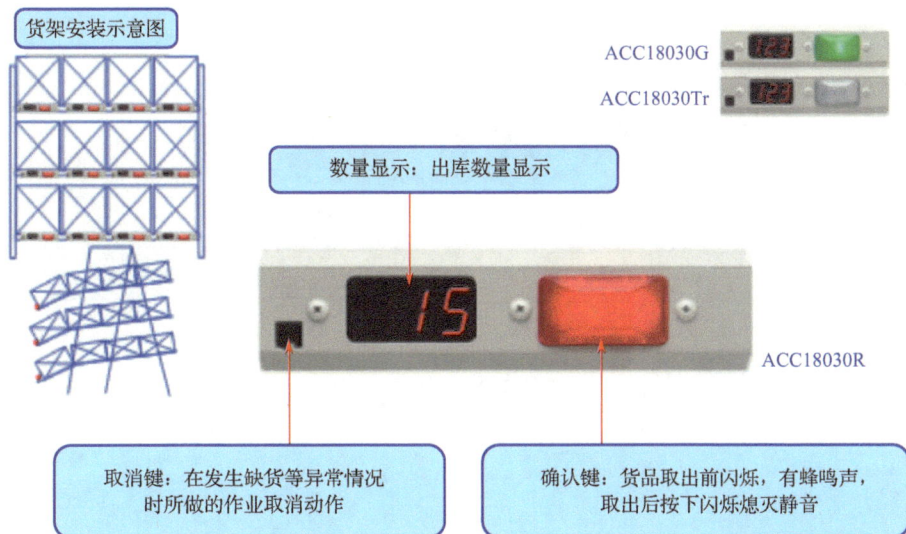

货架安装示意图

ACC18030G
ACC18030Tr

数量显示：出库数量显示

ACC18030R

取消键：在发生缺货等异常情况时所做的作业取消动作

确认键：货品取出前闪烁，有蜂鸣声，取出后按下闪烁熄灭静音

图 4-4　一对一使用的电子标签

➤ 电子标签——一对多使用（位置编号）

一对多使用的电子标签，是指每个电子标签对应多个储位。LED 屏幕显示的数字由储

位编号和出库货品的数量构成，如图4-5所示。

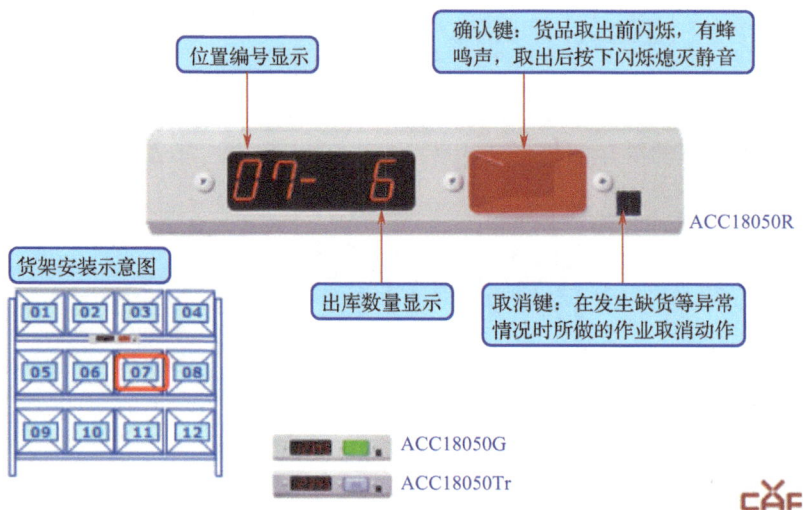

位置编号显示

确认键：货品取出前闪烁，有蜂鸣声，取出后按下闪烁熄灭静音

ACC18050R

货架安装示意图

出库数量显示

取消键：在发生缺货等异常情况时所做的作业取消动作

ACC18050G

ACC18050Tr

图4-5　一对多使用的电子标签（位置编号）

➤ **电子标签——一对多使用（层列编号）**

一对多使用的电子标签，是指每个电子标签对应多个储位。LED屏幕显示的数字由层列编号和出库货品的数量构成，如图4-6所示。

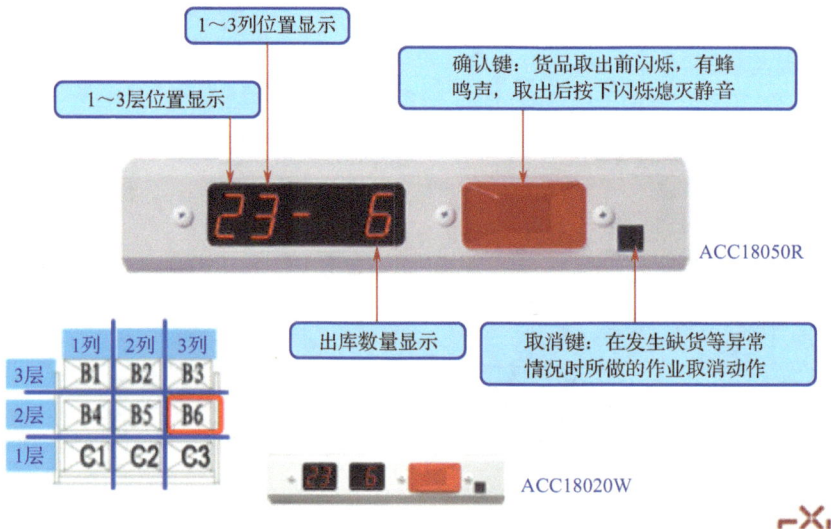

1～3列位置显示

1～3层位置显示

确认键：货品取出前闪烁，有蜂鸣声，取出后按下闪烁熄灭静音

ACC18050R

出库数量显示

取消键：在发生缺货等异常情况时所做的作业取消动作

	1列	2列	3列
3层	B1	B2	B3
2层	B4	B5	B6
1层	C1	C2	C3

ACC18020W

图4-6　一对多使用的电子标签（层列编号）

✏ **任务培训6：如何使用电子标签拣货？**

电子标签硬件的使用，具体以摘取式拆零拣选为例。作业时以一张单子为一次处理的单位，系统会将单子中有需要拣货所代表的电子标签亮起，拣货人员依照灯号与数字的显示将货品自货架上取出即可，如图4-7所示。

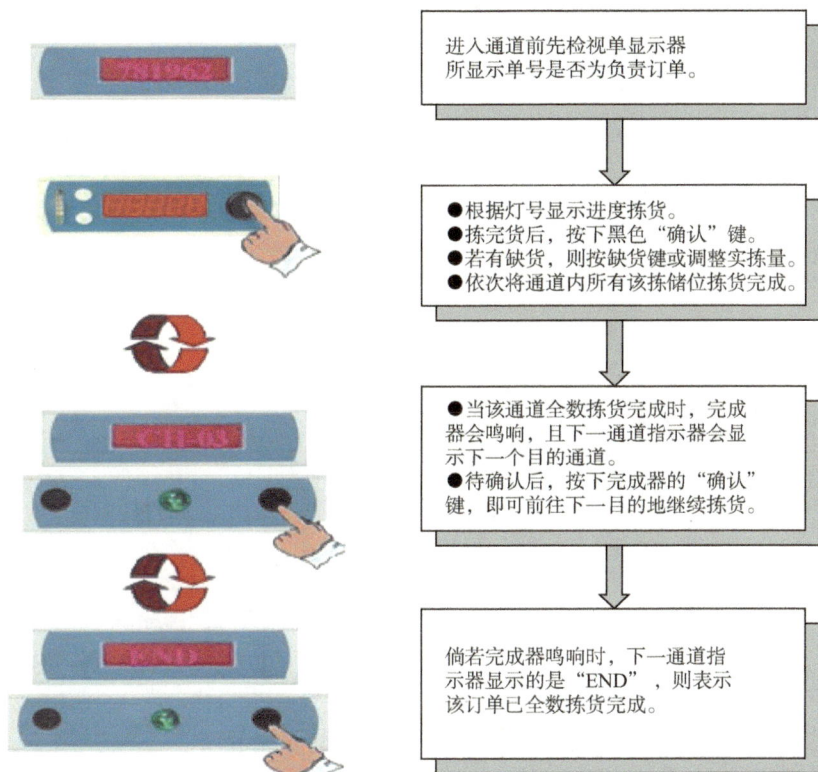

进入通道前先检视单显示器所显示单号是否为负责订单。

● 根据灯号显示进度拣货。
● 拣完货后，按下黑色"确认"键。
● 若有缺货，则按缺货键或调整实拣量。
● 依次将通道内所有该拣储位拣货完成。

● 当该通道全数拣货完成时，完成器会鸣响，且下一通道指示器会显示下一个目的通道。
● 待确认后，按下完成器的"确认"键，即可前往下一目的地继续拣货。

倘若完成器鸣响时，下一通道指示器显示的是"END"，则表示该订单已全数拣货完成。

图 4-7　电子标签的使用

任务培训 7：如何规范操作电子标签？

➢ **看**

拣货之前，先检视订单显示器所显示的订单号是否为负责的订单；如果为负责的订单，则接下来检视要拣取的数量。

➢ **拣**

拣取第一个显示器显示的货物数量，放入到周转箱中。

➢ **按**

拣取完第一个显示器显示的货物数量后，用手掌正面拍灭"确认"键。接着按照以上的动作拣取该通道所有的货物。如果该通道所有的货物都拣取完，则蜂鸣器会发出声响，绿灯亮，这时用手掌正面拍灭"确认"键，即完成一张订单的拣选。

⚒ 任务执行

步骤 1：完成两种拣货方式的对比表

团队成员在负责人的带领下，通过上网等方式查询各种拣货方式的相关资料，完成教师给定的题目，如表 4-2 所示。

表 4-2　两种拣货方式对比表

模式 / 特点	摘取式拣货	播种式拣货
订单类型		
效率		
占地面积		
适用环境		

步骤 2：判断不同拣货方式的平面布局和路径

团队成员根据图 4-8 和图 4-9 所示，判断这两张图所表示的拣货方式。

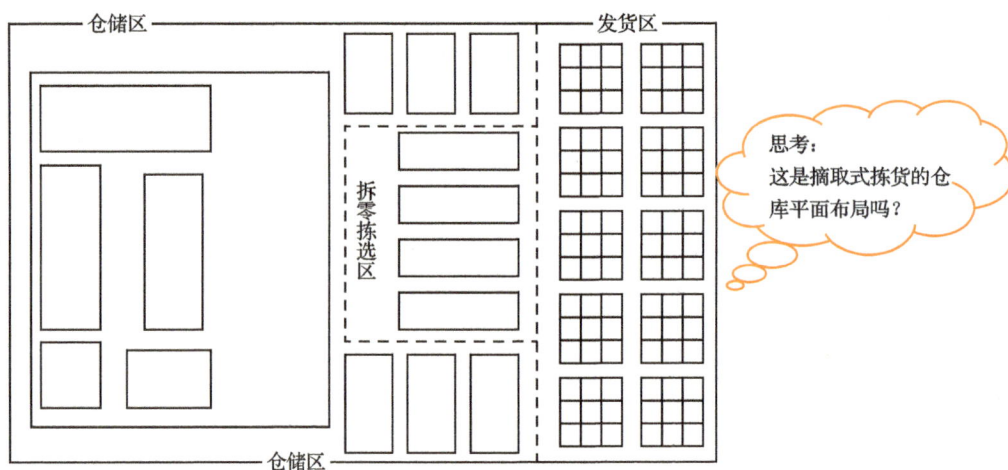

图 4-8　拣货方式 1 平面布局图

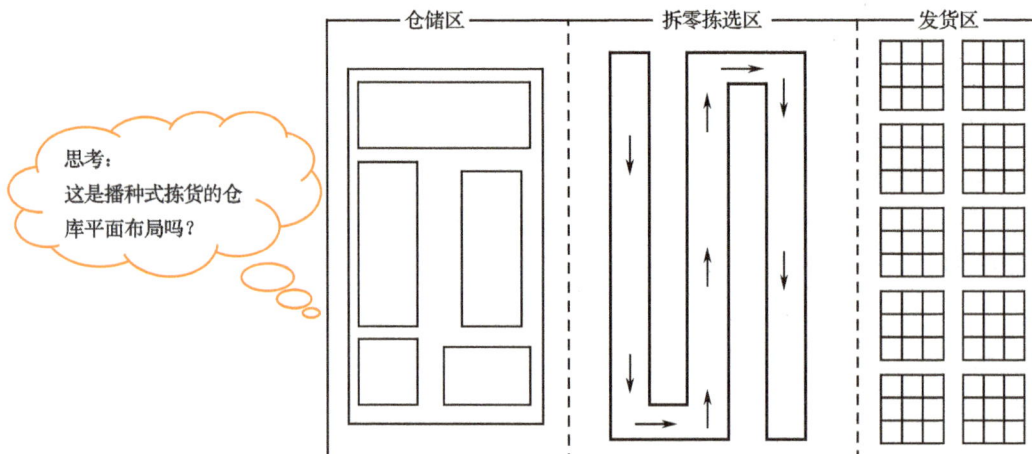

图 4-9　拣货方式 2 平面布局图

步骤 3：描述摘取式和播种式拣货的作业流程

团队成员根据关键词的提示，完成摘取式和播种式拣货的作业流程描述，如图 4-10 和图 4-11 所示。

题目的关键词分别为：集货待运、沿线分货、沿线拣选、汇总拣货。

补货 ➡ ◻ ➡ 复核装箱 ➡ ◻

图 4-10　摘取式拣货作业流程图

◻ ➡ ◻ ➡ 集货待运

图 4-11　播种式拣货作业流程图

任务评价

在完成上述任务后，教师组织进行三方评价，并对学生任务执行情况进行点评。学生完成表 4-3 的填写。

表 4-3　"认识电子标签辅助拣货技术"评价表

评价要素	评价标准	分值	评　分			
			自评（10%）	小组（10%）	教师（80%）	小　计
拣货表的填写	填写是否准确	30				
平面布局的判断	判断是否准确	30				
作业流程的描述	描述是否合理	30				
分　析　总　结		10				
合　　计		100				
评　语						

拓展提升

拓展提升 1：电子标签辅助拣货系统的工作原理

电子标签辅助拣货系统的工作原理如图 4-12 所示。

拓展提升 2：根据工作原理图完成表格

根据对电子标签辅助拣货系统的工作原理图的理解，完成表 4-4 的填写。

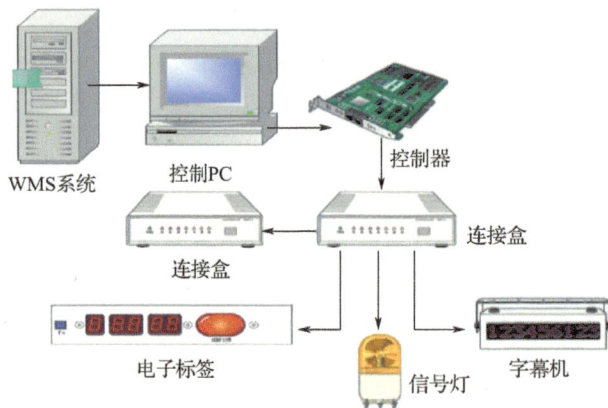

图 4-12　电子标签辅助拣货系统工作原理图

表 4-4　工作原理配对表

硬　件	功　能
	用于从 WMS 下载出库订单，并将出库信息发送到控制器
	将出库信息转换为控制信号，并传到连接箱
	用于作业区，提示该区域有作业任务
	提示作业员当前作业序号，可定义为客户编号、作业编号
	用来显示出库数量并发出指示信息

任务巩固

1. 分拣作业的流程为（　　　）。

①拣货资料的形成　　②拣货　　　　　③行走或搬运　　　④分类集中

A.①②③④　　　　B.①③②④　　　　C.④①②③　　　　D.①③④②

2. 关于拣货单位的确定，下列说法中错误的是（　　　）。

A. 如果订货的最小单位是箱，则不需要以单位为拣货单位

B. 一种货物只能有一种拣货单位

C. 库存的每一种货物都要根据实际情况选择合适的拣货单位

D. 有些特殊物品（如桶装液体、散装颗粒等）在拣货时以特定包装形式和包装单位为标准

3. 拣货的最小单位是（　　　）。

A. 货箱　　　　　　B. 订单　　　　　　C. 包装的单件商品　　D. 托盘

4. 货物在货位上，拣货员将每个客户的货物从货位上取走的拣货方式称作（　　　）。

A. 分类拣货法　　　B. 摘取式拣货法　　C. 单一拣货法　　　　D. 播种式拣货法

5. 下列关于分拣的 4 个选项中错误的是（　　　）。

A. 分拣过程不需要对货物进行分类

B. 分拣是保证配送质量的一项基础工作

C. 分拣是配送功能要素之一

D. 分拣是完善送货、支持送货的准备性工作

任务二　电子标签辅助拣货技术的应用

任务展示

现阶段电商物流分拣进入了一个快速的发展期，各种各样的先进技术、先进设备在物流仓库的分拣应用层出不穷，它们的应用极大地提高了仓库分拣的作业效率、降低了仓库的拣货差错率、提高了作业的时效性。在这些设备和技术中，WMS 和电子拣货标签的结合是重要的手段之一。

任务描述：掌握电子标签辅助拣货技术的应用。

任务培训

任务培训 1：电子标签辅助拣货系统与 WMS 如何连接？

电子标签辅助拣货系统的控制软件一般是作为仓储管理系统（WMS）的一个功能模块，它们共用一个数据库。该类控制软件一般采用 C/S（客户端/服务器）的结构模式。将所有电子标签与控制器通过并联的形式连接到一起，然后将控制器通过网线或网络交换机连接到装有仓储管理系统的计算机上，如图 4-13 所示。

图 4-13　电子标签辅助拣货系统与 WMS 的关系图

任务培训 2：仓储管理系统（WMS）的拣货作业说明

无仓储管理系统的纸张拣货是早期的作业方式，订单上的产品随意排列，拣货人员靠记忆搜寻需要拣货的货品库位，造成拣货人员的行走路线杂乱无章，浪费时间成本。反之，仓储管理系统下的纸张订单拣货和电子标签辅助拣货能使拣货速度和准确率都大幅提高，如图 4-14 和图 4-15 所示。

序号	位置	品名	数量
1	A1	123	5
2	B4	456	3
3	D5	789	12
4	D7	ABC	8

拣货顺序按库位的序号进行排列

说明：
（1）拣货线路得到优化。
（2）拣货准确率达99.5%。
（3）要求拣货员对库位和产品高度熟悉。

拣货员

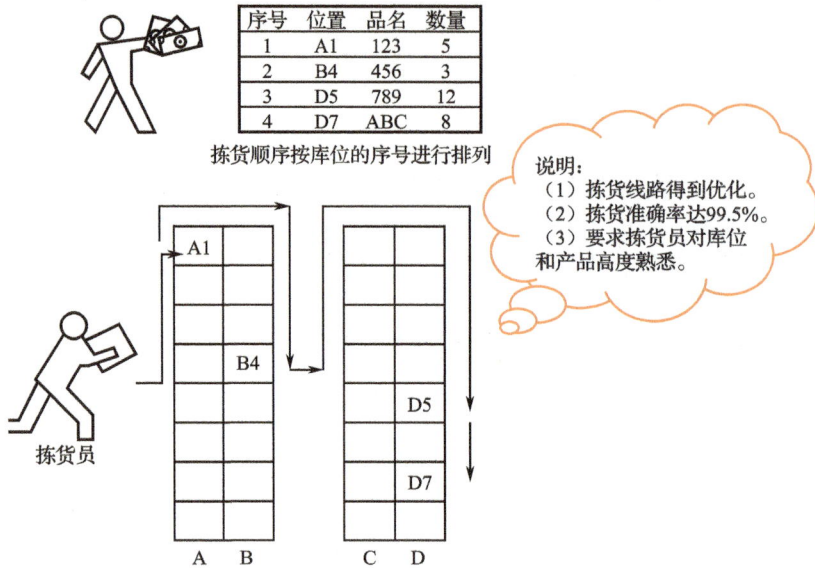

图 4-14　WMS 下的纸张订单拣货

说明：
（1）无纸化作业。
（2）拣货准确率达99.98%。
（3）拣货准确率明显提高

拣货人员不需要拣货单，不需要寻找库位、核对商品，只需要根据电子标签的提示进行数量拣选

拣货员

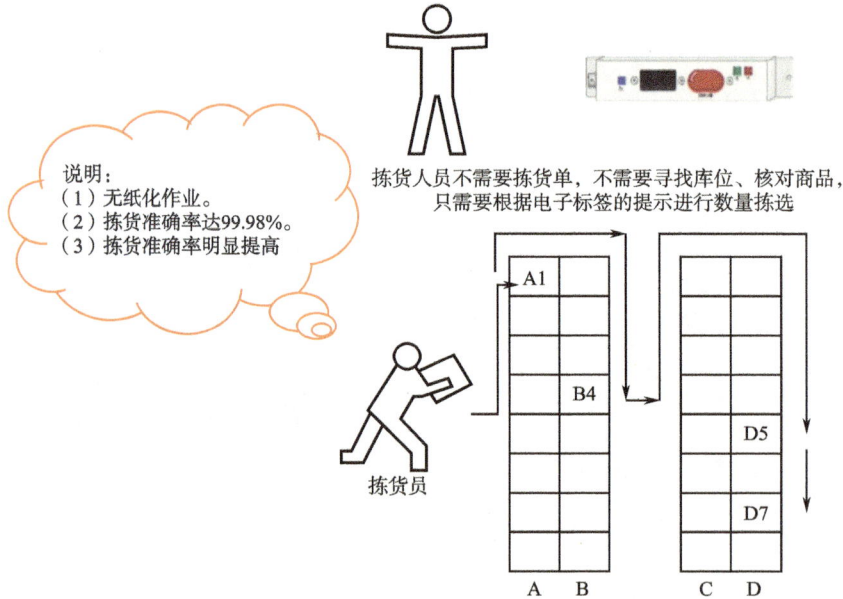

图 4-15　WMS 下的电子标签拣货

任务培训 3：企业是否应该采用电子标签辅助拣货系统？

从成本角度来看，早期我国劳动力成本较低，相比之下电子标签的成本似乎要高很多。但随着电商的快速发展，市场竞争的加剧，企业对服务时间和准确率的要求不断提高，企

业需要权衡费用和效率的关系，不能一味地靠增加人力投入来解决对服务时间和准确率的需求。因为一方面单纯的人力补充不可能从根本上提高效率；另一方面从长期来看，人力成本的累加也是一笔不菲的支出。企业判断是否需要采用电子标签系统考虑的因素一般有3点，如图4-16所示。

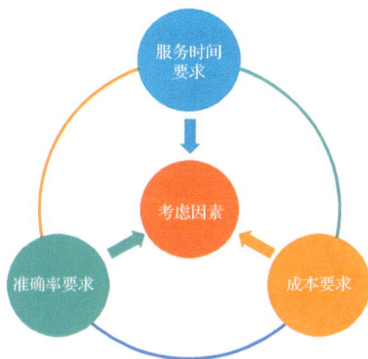

图 4-16 企业采用电子标签辅助拣货系统考虑因素

电子标签辅助拣货实训　　电子标签辅助拣货使用演示

任务培训 4：WMS 下的电子标签拣货流程

后台计算机通过货架上的发光灯和显示器，显示位置、订单名、货名、规格及数量等，向工作人员及时、明确下达取货（piking）指示。工作人员在亮灯的货架上取出相应数量货物后按"结束"按钮关掉灯，取出所有亮灯货架上的产品后再包装，完成一家客户对几种产品、规格等的订单。流程说明如图4-17所示。

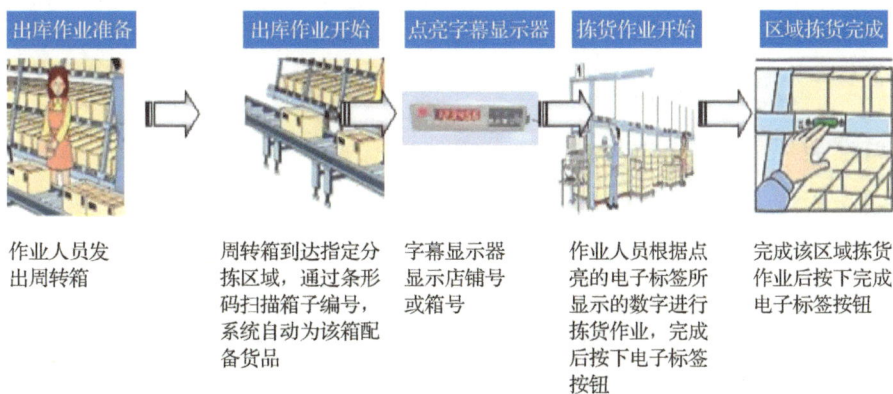

图 4-17 WMS 下的电子标签拣货流程

任务执行

步骤1：认真阅读任务背景材料

上海可的冷链物流，因为门店要求配送低温的货品，所以可的物流就需重新考虑低温货品从供应商到门店的配送方案。由于低温货品的特殊性（其要求存储温度低、保质期短等），所以无法采用常温商品的配送方案解决。

因此，对于这种低温货品倾向以门店为单位进行配送，同时考虑到配送效率问题，你认为应该采用DPS还是DAS进行作业？

步骤2：完成DAS拣货流程配对表

根据对作业流程的理解，完成表4-5的填写。

表4-5　工作原理配对表

作业步骤	作业说明
	拣货单生成后，在开始拣货前需要给每一个门店分配一个周转箱来装纳该门店的拣货货品
	收完货以后进行补货作业，也就是将货品从存储位移到拣货位上
	拣货人员则只需要按照电子标签上显示的数量拣放到对应货位的周转箱里即可
	实际拣货过程中，常常需要几个周转箱才可容纳门店所有的货品，需要为门店分配更多新的周转箱来装其他货品
	在所有的货品拣货完成后，需要把装有一个门店货品的所有周转箱都放到一个地方
	在门店的周转箱集货完成后，为了防止运到门店的周转箱数量弄错，或者具体的周转箱放错门店集货区，就需要进行周转箱的复核工作
	在复核工作完成并确认门店周转箱没有弄错之后，就会把所有门店的所有周转箱都放到专门的低温车上，然后再运到门店去

步骤3：根据拣货流程配对表，绘制流程图

拓展提升

电子拣选台车　　　屈臣氏物流中心电子标
签辅助拣货系统介绍

任务评价

在完成上述任务后，教师组织进行三方评价，并对学生任务执行情况进行点评。学生完成表4-6的填写。

表 4-6 "拣货作业流程"任务评价表

评价要素	评价标准	分值	评 分			
			自评（10%）	小组（10%）	教师（80%）	小计
拣货方式的选择	选择是否准确	30				
配对表的填制	填制是否准确	30				
流程图的绘制	绘制是否合理	30				
分 析 总 结		10				
合 计		100				
评 语						

任务巩固

1. 思考电子标签辅助拣货系统还能应用在哪些行业？
2. 请为食品电商企业设计一套 DPS 拣货流程。

物流资讯

与时俱进、颠覆传统——智能仓储电子拣货标签系统

数字化仓储系统是物联网的重要组成部分。目前，物联网已经进入全球化加速发展的新阶段，对传统的物流设备也提出了新的标准和要求。然而传统行业仓储拣货采用纸单作业，拣货完成后再进行验货、出货，容易造成后台与实物信息不对称、拣货错误等问题，同时也不符合目前新型物联网形势下对物流行业提出的自动化、数字化和网络信息化等要求。

高通及时发现了这一领域的空白和发展空间，成功推出了当前形势下更适合中国物流行业的高通智能仓储电子拣货标签系统。该系统设置简便，通过将电子标签安装于仓库货架定位货物的同时，用计算机与软件实施控制，从而实现仓库的进货、存货、拆零拣货、出货、盘点等全电子化管理。

1. 性能佳，独特字库芯片

高通智能仓储电子拣货标签系统采用高速 CAN 通信总线，0.35W 超低功耗，2.4 寸TFT 彩屏，与同行业其他产品相比，高通智能仓储的屏幕显示行数增加了 5 倍；通信速率则是同类产品的 12 倍，另外耗电量是同类产品的 1/20，拣货差错率降至 0.01% ~ 0.03%，减少了到了原来的 1/10。全新的设计理念，通过标签 6 种颜色亮灯，语音提示及液晶显示屏上的品名、数量、产地、批次等信息，可以安全有效地引导仓库人员更正确、快速、轻松地完成拣货工作。

除了上述优势之外，在该系统中还配备了高通自主研发的集成电路字库芯片。该芯片通过软硬件结合，包含近 3 万个简繁体汉字，180 多国外文。满足信息显示需求的同时，确保了信息显示的安全性与准确性。这款集成电路字库芯片是最早被国家标准认可的优质芯片，除常规显示之外还能显示医药仓库国家标准 GSP 所要求的"看似、听似"等 6 种

警示符号，问世至今饱受医药、医院等重点行业青睐。

2.易上手，优化人力资源

随着社会人口红利逐渐消失，数字化、信息化管理势必成为未来趋势。高通集团把握产业脉搏，率先在国内采用数字化、电子化的管理方式对产业进行升级，符合市场和当前社会发展规律的同时，也能与时俱进，相信在不久的将来，经过升级的高通系统必将成为国内制造业的刚需。

物流行业由于人员流动性大等不稳定因素，客观上增加了整个行业的管理难度、培训成本与拣货差错风险。升级后的高通系统对这些问题进行了有针对性的解决，大幅降低了人为因素造成的拣货出错率的同时，提高了细节的可控性。

3.大数据，助力精准管理

高通电子拣货标签系统是物流作业的基础，是数字化管理的源头。通过该系统，不但可以实现货物移动、管理、流向、使用数据的收集，更能进一步深入监控所有货物流通的各个环节，确保流程分析与优化的同时，达到精准管理的需求。

目前，高通拣货标签系统已经经过市场检验，得到国内物流行业的广泛应用和高度认可，无论是对送货准时率和准确率有严格要求的医药物流行业，药品拣选复杂的各大医院药库、药房，还是电子料SKU庞大且容易混淆的电子料生产工厂，以及在零件复杂多样的电力输送系统、品类繁多的教育行业、食品行业等，都出现了高通电子拣货标签的身影。

项目五
物流仿真技术

任务一 认识物流仿真

任务展示

王强是某职业中专学校物流专业的学生，毕业后进入天保冈谷国际物流有限公司工作。公司发展迅猛，为满足客户的物流业务需求对物流设备进行升级，由于场地的限制，只能采用高层自动化立体仓库满足空间要求。然而，自动化立体仓库离散系统的特性，很难用一般数学方法描述其运行状态，这一特性为系统优化、发现系统瓶颈和找出相应的解决方案带来了一定的困难。在确定方案前，先对该模型进行仿真建模，发现系统瓶颈，优化布局方案，从而减少不必要的损失。那么什么是物流仿真？如何进行仿真建模？这就是本次任务要学习的内容：物流仿真！

任务描述：建立 Petri 网模型及 Flexsim 仿真模型。

任务培训

任务培训 1：什么是物流仿真？

物流仿真是针对物流系统进行系统建模，在电子计算机上编制相应应用程序，模拟实际物流系统运行状况，并统计和分析模拟结果，用以指导实际物流系统的规划设计与运作管理。物流仿真使用的建模方法有排队理论、Petri 网、线性规划等，如图 5-1 所示。

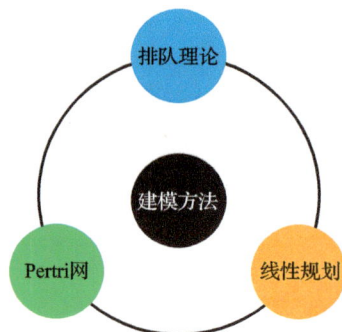

图 5-1 物流仿真建模方法

任务培训 2：什么是 Petri 网？

Petri 网是对离散并行系统的数学表示。

Petri 网是 20 世纪 60 年代由卡尔·A.佩特里发明的，适合于描述异步的、并发的计算机系统模型。Petri 网既有严格的数学表述方式，也有直观的图形表达方式；既有丰富的系统描述手段和系统行为分析技术，又为计算机科学提供了坚实的概念基础。

任务培训 3：物流仿真的分类

仿真可以根据所模拟的系统特性分为连续系统仿真、离散系统仿真和混合系统仿真。

1.连续系统仿真

在这种仿真中反映系统状态的状态变量取值随时间连续变化。例如，温控系统的温度是连续变化的，它是一个连续系统，对其进行仿真即为连续系统仿真。

2. 离散系统仿真

在这种仿真中反映系统状态的状态变量取值随一个个离散事件的发生而在特定的时间点离散变化。系统的状态变化是由（往往是随机发生的）事件驱动的。例如，银行排队系统中状态变量有顾客排队长度、服务台忙闲状态等，它们都是随顾客到达、顾客接受服务后离开等事件离散变化的，因此银行排队系统是离散系统，对其进行仿真即为离散系统仿真。

离散系统和连续系统状态变量取值随时间的变化情况如图 5-2 所示。

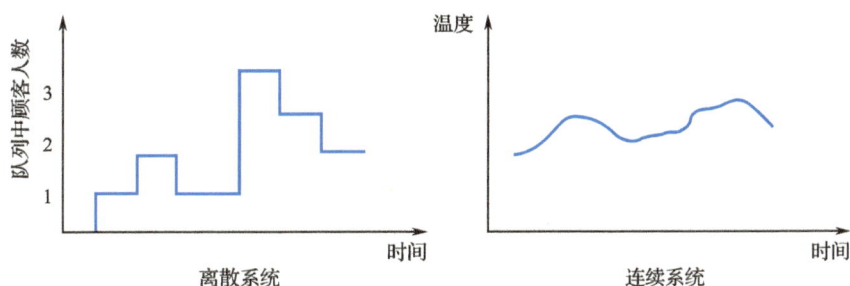

图 5-2　状态变量取值随时间的变化情况

3. 混合系统仿真

如果仿真所模拟的系统既有连续的部分，也有离散的部分，则称为混合系统仿真。例如，液态包装奶的生产流程，在液态奶包装前，奶液处于管道和储液罐中进行各种处理，此为连续系统，在处理完成后包装到一个个小盒子里，后续储存、出库流程属于离散系统。

任务培训 4：常见可视化仿真软件包有哪些？

现代可视化仿真软件包通常具有友好的图形化用户界面，可以利用形象的图标模块以搭积木式建立仿真模型，支持 2D 和 3D 动画。另外，还提供输入数据分布拟合工具、输出数据分析等模块，这些功能的支持大大简化了建模过程。

目前，市场上已有大量商品化的可视化仿真软件包，它们面向制造系统、物流系统、服务系统等领域，成为研究企业系统、提升企业竞争力的有效工具。下面简要介绍几款常用仿真软件，如表 5-1 所示。

表 5-1　常用仿真软件对比表

仿真软件名称	开发公司	软件特点	软件界面
Arena	Rockwell Automation（美国）	提供可视化、交互式的集成仿真环境，可与通用编程语言程序连接运行，提供内嵌 VB 环境，灵活制定各种复杂逻辑	

（续表）

仿真软件名称	开发公司	软件特点	软件界面
AutoMod	Brooks Automation （美国）	由仿真模块 AutoMod、试验及分析模块 AutoStat、三维动画模块 AutoView 等部分组成，3D 动画功能较强。 提供物流及制造系统常见的建模元素	
ExtendSim	Imagine That （美国）	采用 C 语言开发，有较高的灵活性和可扩展性。 不仅对实体流动进行可视化建模，对数据流动和控制结构也可以可视化建模而无须编写程序	
Flexsim	Flexsim （美国）	采用 C++ 语言开发，采用面向对象编程和 OpenGL 技术，提供三维图形化建模环境，直接建立三维仿真模型。 提供众多的对象类型，如操作员、传送带、叉车、仓库、货架等，可快速高效地构建制造、物料搬运、服务等系统模型	
Witness	Lanner （英国）	支持离散系统和连续流体系统建模，提供了丰富的模型单元，包括物理单元和逻辑单元	

🛠 任务执行

◢ 步骤 1：基于 Petri 网的建模方法

➤ Petri 网的结构元素

Petri 网是对离散并行系统的数学表示。

经典的 Petri 网是简单的过程模型，由两种节点（库所和变迁）、有向弧和令牌等元素组成。其中，库所为圆形节点、变迁为方形节点；有向弧是库所和变迁之间的有向箭头；令牌是库所中的动态对象，它可以从一个库所移动到另一个库所。Petri 网的元素组成及表示方法如图 5-3 所示。

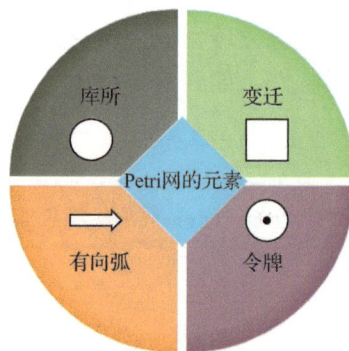

➤ Petri 网的规则

① 有向弧是有方向的；

② 两个库所之间变迁是不允许有弧的；

图 5-3　Petri 网的元素组成及表示方法

③ 库所可以拥有某一数量的令牌；

④ 行为：如果一个变迁的每个输入库所（Input Place）都拥有令牌，该变迁即为被允许（Enable）。一个变迁被允许时，变迁将发生（Fire），输入库所（Input Place）的令牌被消耗，同时为输出库所（Output Place）产生令牌。

⑤ 变迁的发生单位是原子，这就意味着任何一个变迁都不可能只发生一半。

⑥ 有两个或多个变迁都被允许的可能，但是一次只能发生一个变迁。这种情况下变迁发生的顺序没有定义（随机的）。

⑦ 如果出现一个变迁，其输入库所的个数与输出库所的个数不相等，令牌的个数将发生变化，也就是说，令牌数目不守恒。

⑧ Petri 网是静态的。也就是说，不存在发生了一个变迁之后忽然冒出另一个变迁或库所，从而改变 Petri 网结构的可能。

⑨ Petri 网的状态由令牌在库所的分布决定。也就是说，变迁发生完毕、下一个变迁等待发生的时候才有确定的状态，正在发生变迁的时候是没有一个确定的状态的。

➤ Petri 网的类型及基本关系

Petri 网可分为基本 Petri 网、低级 Petri 网、定时 Petri 网和高级 Petri 网 4 种类型，如图 5-4 所示。

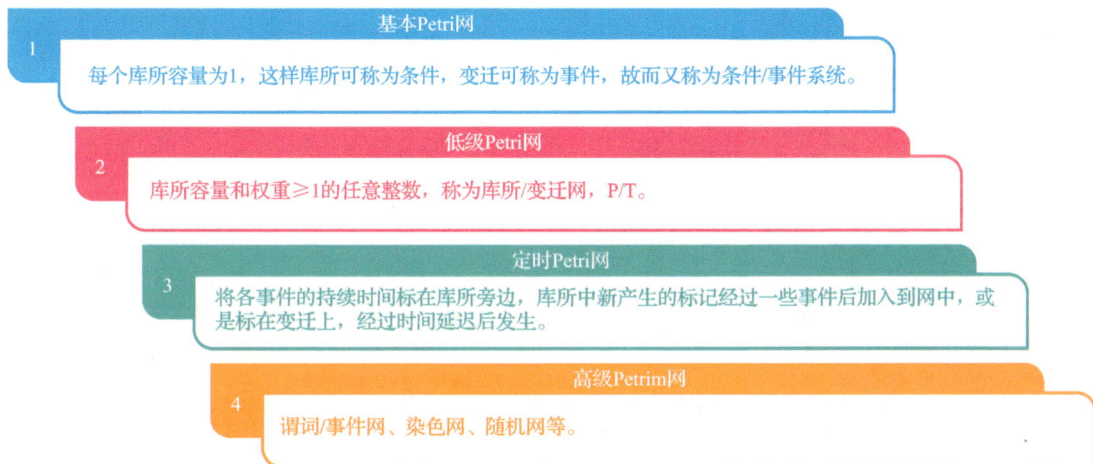

1　基本Petri网
每个库所容量为1，这样库所可称为条件，变迁可称为事件，故而又称为条件/事件系统。

2　低级Petri网
库所容量和权重≥1的任意整数，称为库所/变迁网，P/T。

3　定时Petri网
将各事件的持续时间标在库所旁边，库所中新产生的标记经过一些事件后加入到网中，或是标在变迁上，经过时间延迟后发生。

4　高级Petrim网
谓词/事件网、染色网、随机网等。

图 5-4　Petri 网的分类

基本 Petri 网模型的基本关系有顺序关系、并发关系、互斥冲突关系、异或关系、死锁关系等。请根据给出的关系图，将对应的关系名称填到方框内，如图 5-5 所示。

➤ 高级 Petri 网

为了解决经典 Petri 网中的问题，研究出了高级 Petri 网，在原有的 4 元素基础上，对以下方面进行了扩展，如图 5-6 所示。

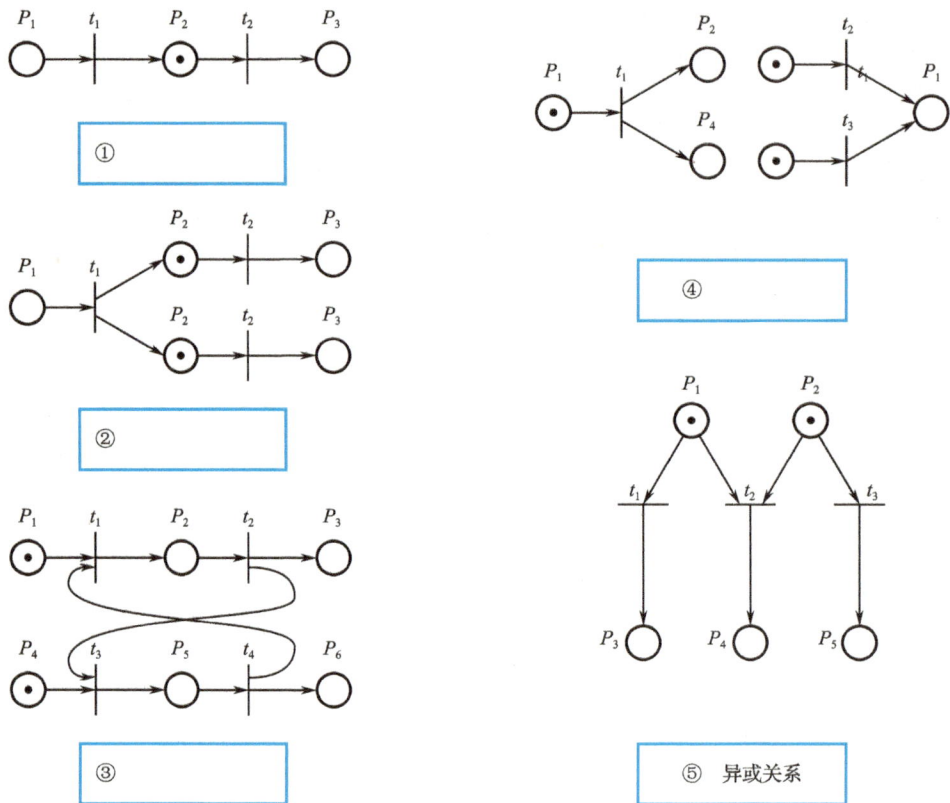

①

②

③

④

⑤ 异或关系

图 5-5　基本 Petri 网模型关系

令牌着色

一个令牌通常代表具有各种属性的对象，因此令牌拥有值（颜色）代表由令牌建模的对象的具体特征，如一个令牌代表一个工人（张三，28岁，经验3级）。

时间

为了进行分析，我们需要建模期间、延迟等，因此每一个令牌拥有一个时间戳，变迁决定生产出的令牌的延迟。

层次化

构造一个复杂性与数据流图相当的Petri网的机制。子网是由库所、变迁和子网构成的网络。

时序

增加时序逻辑的定义，更好地描述行为过程。

图 5-6　高级 Petri 网拓展

步骤 2：Flexsim 软件的基本操作

> **模型描述**

某工厂制造 3 种类型产品，产品按随机的时间间隔从工厂其他部门到达。模型中有 3 台加工机器，每台机器加工特定的产品，产品完成加工后必须在一个检验设备中检验，如果质量合格就被送到工厂的另一部门，离开仿真模型。如果发现制造有缺陷，则必须返工，产品被送回到仿真模型的起点，然后由对应的机器重新加工一遍。仿真的目的是找到瓶颈的所在。其系统结构如图 5-7 所示。

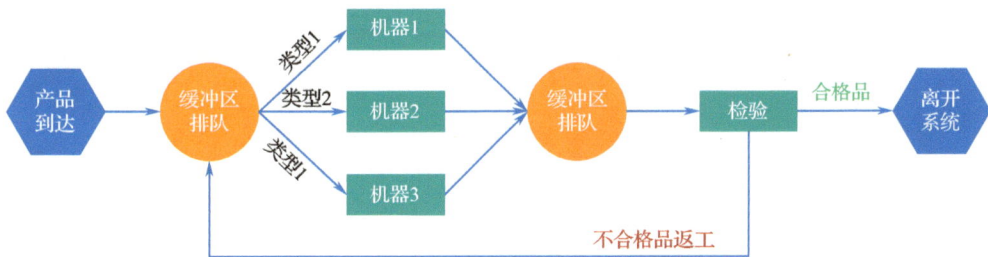

图 5-7　带返工的产品制造系统结构

系统参数如下：产品到达时间间隔服从均值为 5 秒的指数（Exponential）分布。到达产品类型服从 1～3 的整数均匀（Duniform）分布。3 台机器的加工时间都服从均值为 10 秒，标准差为 0.5 秒的正态（Normal）分布。要说明的是，加工时间为正态分布一般是不合适的，因为正态分布可能取的负值不符合实际，这里采用正态分布仅仅是作为例子而已。检验时间为常数 4 秒，80% 的产品检验合格，20% 的产品检验不合格。两个缓冲区的容量都为 10000，即最大同时容纳 10000 个产品。仿真时间长度假设为 50000 秒。

> **启动 Flexsim，设置模型单位**

启动 Flexsim，通过菜单命令"菜单"→"新建"创建一个新模型。这时会弹出模型单位设置对话框，如图 5-8 所示。设置"时间单位"为秒，"长度单位"为米。本模型没用流体对象，流体体积单位保持默认即可。单击"确定"按钮进入 Flexim 建模界面。

> **在模型中创建一个实体**

从左边的实体库中拖动一个发生器到模型（建模）视窗中。具体操作是，单击并按住实体库中的实体，然后将它拖动到模型中想要放置的位置，松开鼠标键，即在模型中建立了一个发生器实体，如图 5-9 所示。一旦创建了实体，将会给它赋一个默认的名称，如 Source#，数字 # 为自从 Flexsim 应用软件打开后所生成的实体数。

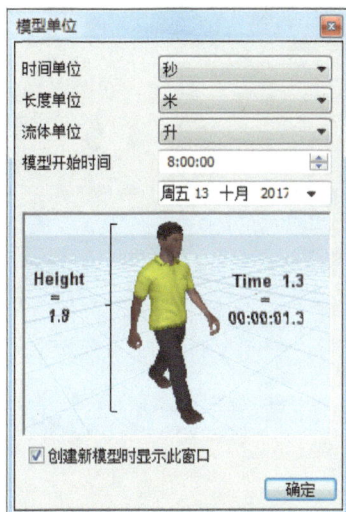

图 5-8　模型单位设置

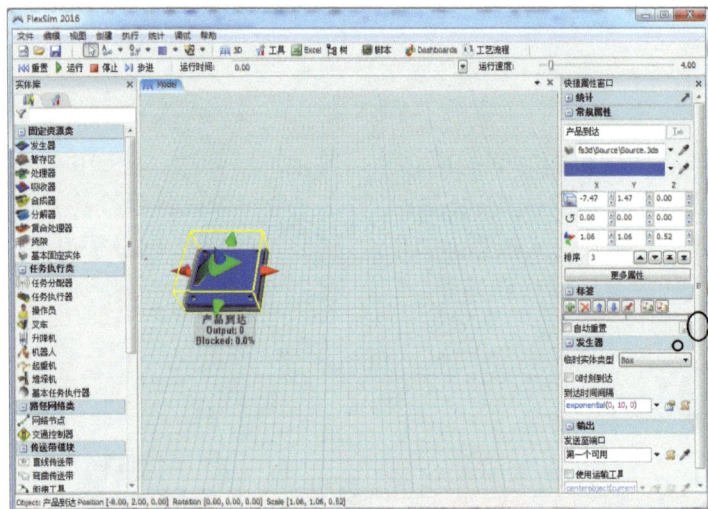

图 5-9　创建实体和命名

➤ **在模型中生成更多的实体**

从实体库中拖动一个暂存区实体放在发生器实体的右侧。再从库中拖动 3 个处理器实体放在暂存区实体的右侧，再拖出一个暂存区、一个处理器和一个吸收器实体放到模型中。实体布局如图 5-10 所示。

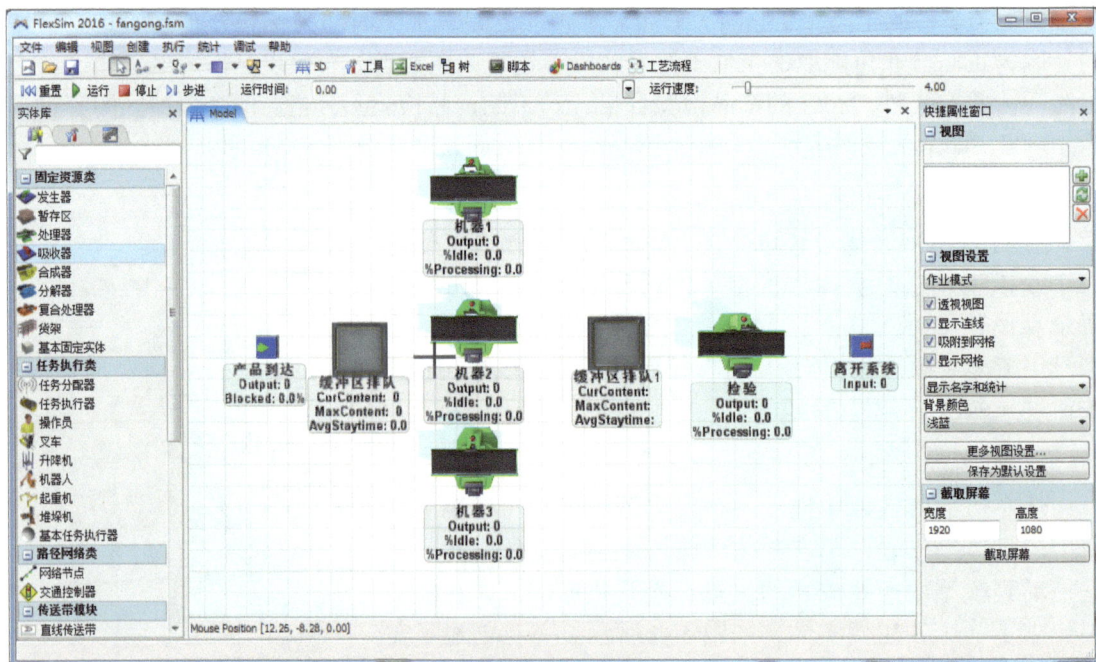

图 5-10　完成模型所有实体的创建

➤ **连接对象**

按照产品流动的路径，从产品到达发生器开始两两连接对象，产品将沿着连线在对象间流动，连接时注意连接方向是从起点对象到终点对象，按住键盘上的"A"键，然后单击第一个实体并按住鼠标左键，拖动鼠标到下一个实体然后松开鼠标键，将会看到拖动出一条黄色连线，松开鼠标键时，会出现一条黑色的连线。具体连接方案如下：

①连接 [产品到达] 到 [缓冲区 1]

②连接 [缓冲区 1] 分别到 [机器 1]、[机器 2]、[机器 3]。（需要严格按次序连接）

③分别连接 [机器 1]、[机器 2]、[机器 3] 到 [缓冲区 2]。

④连接 [缓冲区 2] 到 [检验]。

⑤连接 [检验] 到 [吸收器]。

⑥连接 [检验] 到 [缓冲区 1]。（该连接用于将返工产品返回到缓冲区 1）

连接完成后的模型如图 5-11 所示。

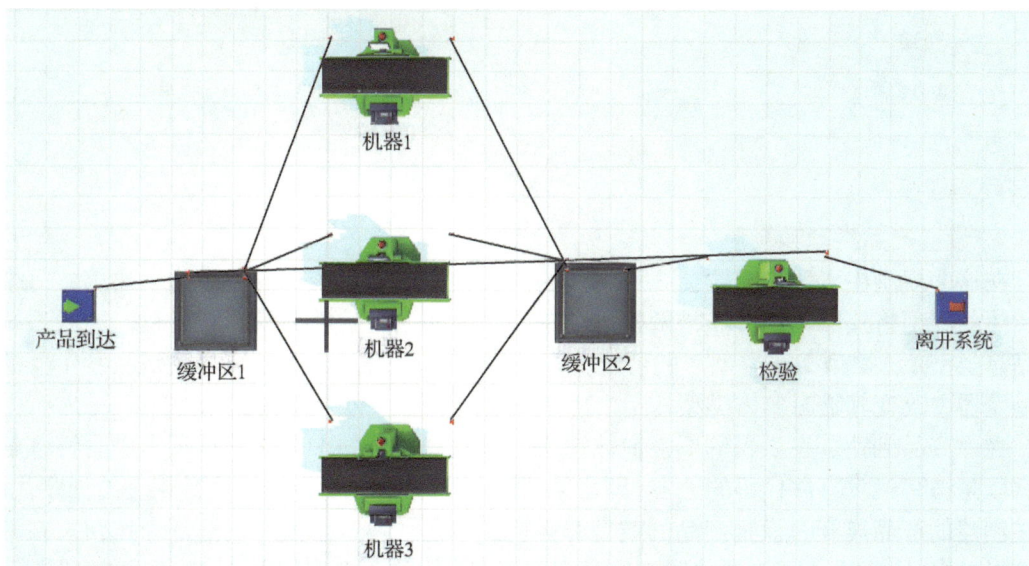

图 5-11　对象连接完成

> ➤ 设置产品到达时间间隔

每个实体有它自己的参数视窗。数据和逻辑会由此视窗添加到模型中。双击一个实体进入该实体参数视窗。

在此模型中，产品每 5 秒到达，按指数分布。发生器默认使用一个指数分布的到达时间间隔，但需要改变其均值。诸如指数分布这样的各种随机分布将被仿真过程采用，可用来对现实系统中发生的变化进行建模。

双击创建产品的 [产品到达] 发生器，在弹出的属性窗体中设置"到达时间间隔"为 exponential(0,5,0)，如图 5-12 所示。指数分布函数 exponential(0,5,0) 的第一个参数是位置参数，第二个参数是均值，第三个参数指定使用哪个随机数流（可省略）。

另外，也可以通过模型窗体右侧的快速属性窗口设置间隔时间。

不要关闭属性窗体，继续进行下一步操作。

图 5-12　设置到达时间间隔

> **设置产品类型和颜色**

在这个模型中，我们需要让 3 种不同的产品类型进入系统。要完成这一要求，每个临时实体的类型将按照均匀分布被随机分配一个 1 ~ 3 之间的整数值。意思是，进入系统的产品是类型 1、类型 2 或类型 3 的可能性都一样。完成该指定的最好方式是在发生器的离开触发器中改变其临时实体类型。

在"产品到达"发生器的属性窗体选择"触发器"选项卡，在该选项卡中有许多触发器字段是编写触发事件代码的地方，即当某特定事件发生时就会触发执行相应的程序代码。要在创建的产品离开时设置产品的类型和颜色。单击"离开触发"右边的 ➕ 按钮，在列表中选择"数据设置"→"设置临时实体类型和颜色"，就会出现如图 5-13 所示的代码模板，该模板的含义就是设置产品类型（Item type）的值由整数均匀分布 duniform（1,3）给出，即均匀地在 1、2、3 中取值。现在完成了发生器的参数编辑，单击"确定"按钮即可接受参数设置并关闭该窗体。

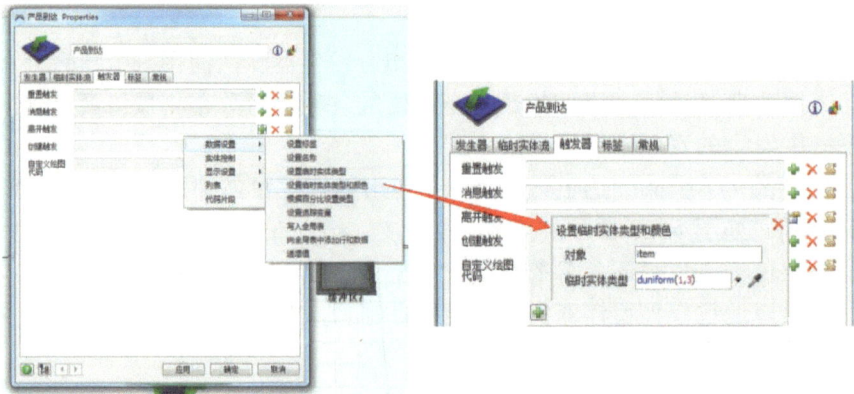

图 5-13　触发器设置离开时临时实体的类型与颜色

➢ **设置暂存器容量和输出路径**

下面设置第一个暂存区。这里有两项内容需要设定：

① 要设定的是暂存区的容量。

② 暂存区的分配方式是将临时实体中所有类型 1 送至处理器 1、类型 2 送至处理器 2，以此类推。

在"缓冲区"的属性窗体的"暂存区"选项卡里将"最大容量"改为"10000"，这实际上将得到一个无限容量的暂存区，如图 5-14 所示。

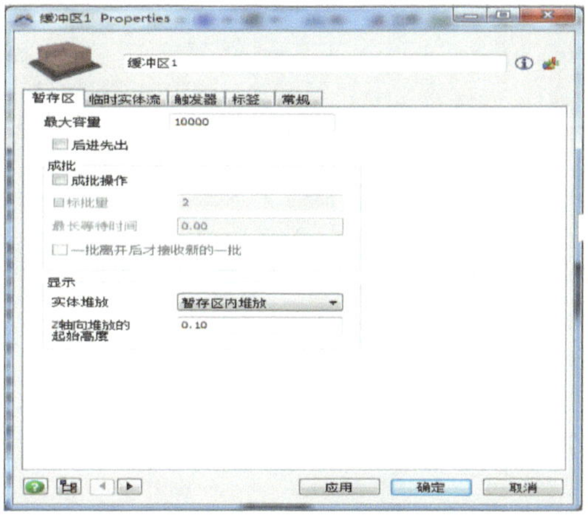

图 5-14 设置暂存区的最大容量

在"缓冲区"的属性窗体"临时实体流"选项卡，在"发送至端口"字段的下拉列表中选择"根据返回值选择输出端口"模板，结果如图 5-15 所示。

该模板的功能是根据不同 case 值，将产品从指定输出端口号输出。一开始只有一条 case 项目，单击＋按钮两次，增加两个 case 项目。并按图 5-15 设置好 case 值和输出端口号的关系。

该代码模板对队列中每一个产品先通过 getitemtype（item）函数取得其实体类型值作为 case 值，对 itemtype 类型为 1（case 值为 1）的实体，设定其输出端口为 1；itemtype 类型为 2（case 值为 2）的实体，设定其输出端口为 2；剩余的实体，即 itemtype 类型为 3（case 值为 1）的实体，设定其输出端口为 3。这样不同实体就会根据各自的类型从不同输出端口离开队列。由于队列的输出端口 1 连接到"机器 1"、输出端口 2 连接到"机器 2"、输出端口 3 连接到"机器 3"。所以类型 1 的产品会进入"机器 1"、类型 2 的产品会进入"机器 2"、类型 3 的产品会进入"机器 3"。

➢ **设置加工时间**

这一步是设置 3 个处理器的处理时间。他们都服从均值为 10 秒、标准差为 0.5 秒的正态分布。

双击第一个处理器"机器 1"，调出其属性窗体，在"处理器"选项卡中的"加工时间"字段下拉列表中选择"统计分布"，在出现的代码模板中选择正态分布"Normal"，如图 5-16 所示。设置"均值"参数为"10"，"标准差"参数为"0.5"，其他参数默认即可。对"机器 2""机器 3"采用相同的设置。

图 5-15　设置暂存区的输出端口

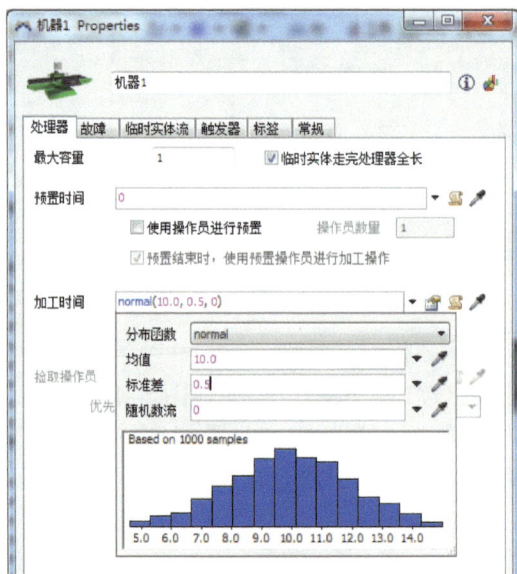

图 5-16　设置处理器的加工时间

> ➤ **设置缓冲区 2 的最大容量**

设置缓冲区 2 的最大容量为 10000，操作方法与缓冲区 1 设置方法一致。

> ➤ **设置检验处理器的处理时间**

现在需要指定检验站的处理时间。

双击该检验站打开其属性窗体。在"加工时间"字段直接将常数"10"改为"4"，表示检验时间是 4 秒。这样，在模型中，它将持续 4 秒（恒值不变）时间来检验产品是否有加工缺陷。

> ➤ **设置检验处理器的输出路径**

现在需要设置该检验站将合格产品送到吸收器（离开系统），不合格产品送回到模型的开始端。在建立该实体的连接时，我们已经将检验处理器通过 1 号输出端口连接到吸收器，通过 2 号输出端口连接到第一个暂存区（缓冲区 1）。因此在这里只需要按照某确定的百分比来安排临时实体的路径。

在检验站属性窗体的"临时实体流"选项卡的"发送到端口"字段的下拉列表中选择"随机"→"按百分比"，在出现的代码模板中按图 5-17 所示设置参数，单击 ![+] 增加一条参数。其含义是 80% 的产品发往 1 号端口（到"离开系统"吸收器），20% 的产品发往 2 号端口（到"缓冲区 1"暂存区）。

还有一件可能想要做的事，就是对已通过检验站并已被送回第一个暂存区的实体进行可视化。单击检验站的属性窗体中的"触发器"选项卡。在"离开触发"字段单击 ![+] 按钮，在下拉框中选择 "显示设置"→"设置实体颜色"选项，在弹出的代码模板中的"颜色"字段下拉列表中选择"Black（黑色）"，如图 5-18 所示。

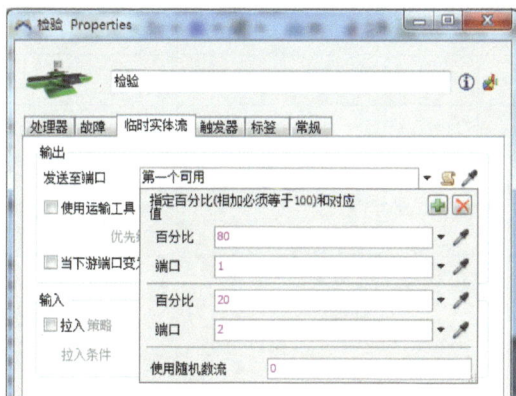

图 5-17　设置检验站输出路径

图 5-18　设置检验站不合格产品颜色

➤ 设置停止时间，重置和运行模型

到此，已准备好编译，然后可以运行此模型了。按照图 5-19 设置仿真运行停止时间为 50000。

图 5-19　设置仿真运行停止时间

单击主视窗左上角 ![按钮] 重置 按钮。对模型进行重置可以确保所有系统变量被设置回初始值，并将模型中所有临时实体清除。然后单击 ▶ 运行 按钮运行模型，观察系统运行状况。现在模型应该开始运行了。临时实体应该从第一个暂存区开始移动，进入 3 个处理器中的一个，然后到第二个暂存区，再进入检验站，并从这里进入吸收器，也有一些被重新发送回第一个暂存区。

需要注意的是，在运行任何模型前都应该先单击"重置"按钮重置模型，以防系统发生不可预测的错误。

要停止模型运行，可随时按 ■停止 按钮。

任务评价

在完成上述任务后，教师组织进行三方评价，并对学生任务执行情况进行点评。学生完成表 5-2 的填写。

表 5-2 "认识物流仿真"任务评价表

评价要素	评价标准	分值	评　分			
			自评（10%）	小组（10%）	教师（80%）	小计
Petri 网的建模	Petri 网模型是否合理	30				
Flexsim 仿真软件的基本操作	仿真模型运行是否合理	60				
分析总结		10				
合计		100				
评语						

拓展提升

拓展提升 1：Petri 网模型分析

如图 5-20 所示是一个订购货物的 Petri 网实例，请分析该 Petri 网模型，并回答以下问题：

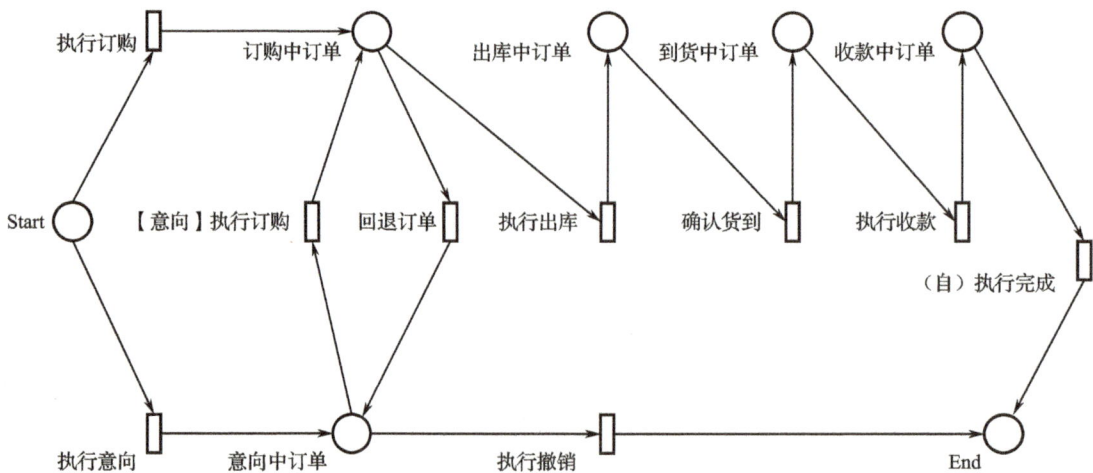

图 5-20 货物订购 Petri 网模型

该 Petri 网包含_____个库所，包含_____个变迁。

该 Petri 网中有哪些基本关系：_____

拓展提升 2：使用 Flexsim 仿真软件建模

> #### 模型描述

发生器产生 4 种临时实体，服从整数均匀分布，类型值分别为 1、2、3、4，4 种不同颜色，进入暂存区。

4 种临时实体经暂存区暂存后，由操作员 1 分别搬运到 4 台对应的处理器进行加工。加工时间为 15 秒。

处理器 1 与处理器 2 加工后由堆垛机 1 搬运到对应货架 1 和货架 2；处理器 3 与处理器 4 加工后由堆垛机 2 搬运至对应的货架 3 和货架 4。

4 种临时实体加工后，将被分别放置到 4 个货架相应的位置上，每个货架都分为 10 列、6 层；每个临时实体被放置到货架上的位置是随机的，每个临时实体被放置到货架上的列数和层数都服从整数均匀分布。

> #### 模型布局

具体模型布局如图 5-21 所示。

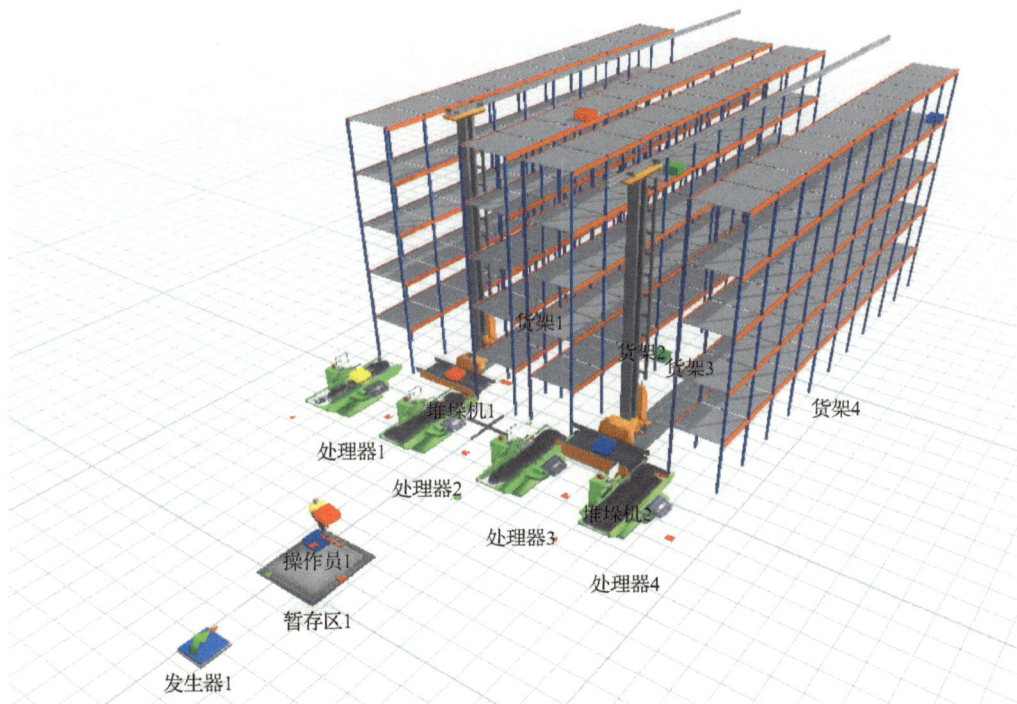

图 5-21　模型布局

> #### 功能实现——连接

发生器 1 与暂存区 1 —— "A" 连接；

暂存区 1 与处理器 1 —— "A" 连接；

暂存区 1 与处理器 2 —— "A" 连接；

暂存区1与处理器3——"A"连接；

暂存区1与处理器4——"A"连接；

处理器1与货架1——"A"连接；

处理器2与货架2——"A"连接；

处理器3与货架3——"A"连接；

处理器4与货架4——"A"连接；

暂存区1与操作员1——"S"连接；

处理器1与堆垛机1——"S"连接；

处理器2与堆垛机1——"S"连接；

处理器3与堆垛机2——"S"连接；

处理器4与堆垛机2——"S"连接。

➤ 参数设定

发生器、暂存区、处理器的参数设定参照任务执行内容。

按住"S"键，将暂存区1与操作员1连接后，双击暂存区1打开其属性窗体。在"临时实体流"选项卡，勾选"使用运输工具"字段，其代码模块默认设置即可，如图5-22所示。4个处理器分别使用堆垛机1、堆垛机2上架的操作方法一致。

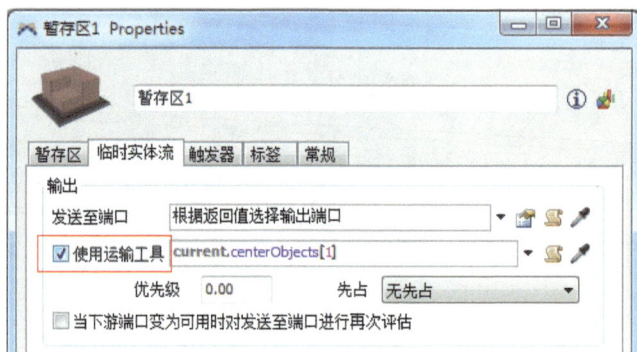

图5-22 设置使用运输工具

📖 任务巩固

1.物流仿真是指评估对象系统（配送中心、仓库存储系统、拣货系统、运输系统等）的整体能力的一种评价方法。（　　）

A.正确　　　　　　B.错误

2.如果一个变迁的每个输入库所都拥有令牌，该变迁即为被允许。一个变迁被允许时，变迁将发生，输出库所的令牌被消耗，同时为输入库所产生令牌。（　　）

A.正确　　　　　　B.错误

3.离散系统是指系统状态在某些随机时间点上发生离散变化的系统。事件发生是随机的，因而离散系统一般都具有随机特征。（　　）

A.正确　　　　　　B.错误

4. 连续系统的仿真模型，适用于活动延续时间不定，并且由满足一定条件的系统状态而决定的情况。（　　）

　　A. 正确　　　　　　　　　B. 错误

5. 为了解决经典 Petri 网中的问题，研究出了高级 Petri 网，在原有的四元素基础上，（　　）方面进行了扩展。

　　A. 令牌着色　　　　　B. 层次化　　　　　C. 时间　　　　　D. 时序

6. 以下不属于 Petri 网模型的基本关系的是（　　）。

　　A. 并发关系　　　　　B. 倒置关系　　　　C. 异或关系　　　　D. 顺序关系

任务二　Flexsim 仿真模型分析与优化

任务展示

　　Flexsim 仿真模型建立及运行后，接下来的任务是对模型进行分析与优化。通过仿真运行可以直观地发现模型瓶颈；通过仿真结果的数据分析，进一步发现模型存在的不合理问题。对模型进行优化，可以提高模型的运行效率。通过建模、运行、分析、优化、再运行、再分析、再优化多过程，得到最优的运行方案，为实际施工提供依据，降低成本投入。

　　任务描述：对 Flexsim 仿真模型进行分析与优化。

任务培训

任务培训 1：仿真项目研究有哪些主要步骤？

　　仿真项目研究通常包含以下主要步骤，如图 5-23 所示。

定义仿真研究的目的	收集数据、建立概念模型	建立Flexsim仿真模型	模型校核与验证	实验运行和结果分析
明确仿真研究的目的可以使未来进行系统调研和建模时抓住重点	研究现有系统，理解系统运作流程，收集相关数据；建立系统以图形表示系统运作流程的概念模型	利用Flexsim仿真软件根据概念模型建立计算机仿真模型	考查仿真模型是否按照预先设想的情况运行；考察仿真模型是否符合实际情况	运行仿真实验，得出输出数据并进行结果分析

图 5-23　仿真项目研究主要步骤

任务培训 2：仿真技术在物流中的应用有哪些？

物流系统大多是离散的、复杂的大系统，包含多约束、多因素的影响，难以达到最优状态，传统的运筹学方法无法对建立的模型进行有效求解，而仿真技术在解决这些问题时有其独到的优势和特点，因此许多专家学者对物流系统仿真领域进行了大量的研究，以求使物流系统的价值潜力得到最大的发挥，提高企业的效率和利润。仿真技术在物流中的应用主要体现在以下 4 个方面，如图 5-24 所示。

图 5-24　仿真技术在物流中的应用

任务执行

步骤 1：寻找瓶颈

通过队列堆积情况发现瓶颈

可以通过多种方法发现系统瓶颈。一种是可以简单地观察缓冲区队列中产品排队的长度。如果模型中某个队列持续有很多的产品堆积，这可能表明该队列下的下游处理器就是瓶颈。（注意：瓶颈一般指机器、设备及各种移动资源，一般不指队列或缓冲区。）

运行任务一模型，运行到 50000 秒停止，结果如图 5-25 所示。注意到第二个队列堆积很多产品，而第一个队列产品堆积不多，这说明检验站就是瓶颈。

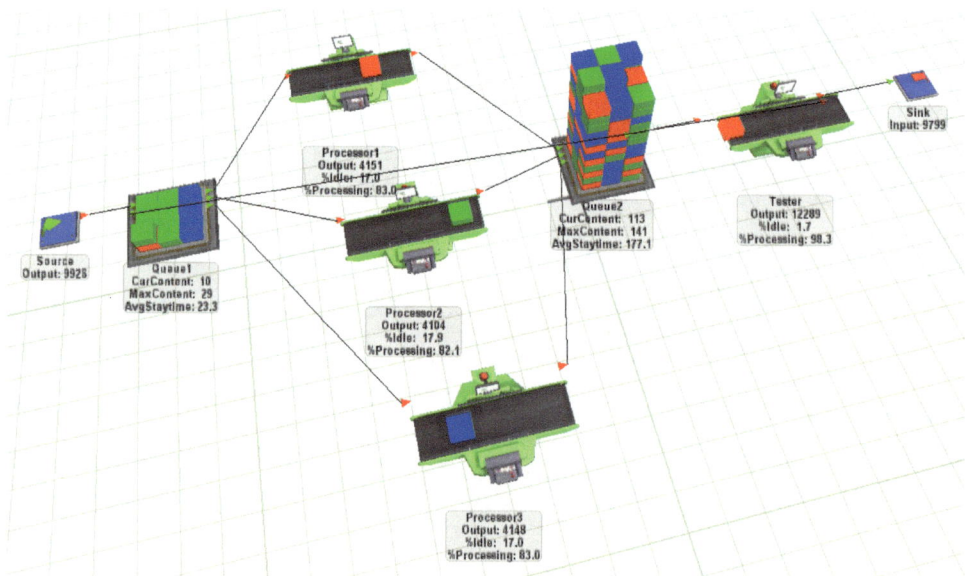

图 5-25　仿真模型运行结果

➢ **通过观察仿真运行输出数据发现瓶颈**

可以通过观察一些仿真运行输出数据，来判断系统运行状况。如缓冲区 2 的"快速属性窗口"中，可以观察到缓冲区 2 的平均队长为 44.03，最大队长为 141。缓冲区 2 中实体的平均等待时间为 177.07，最大等待时间为 560.82，如图 5-26 所示。

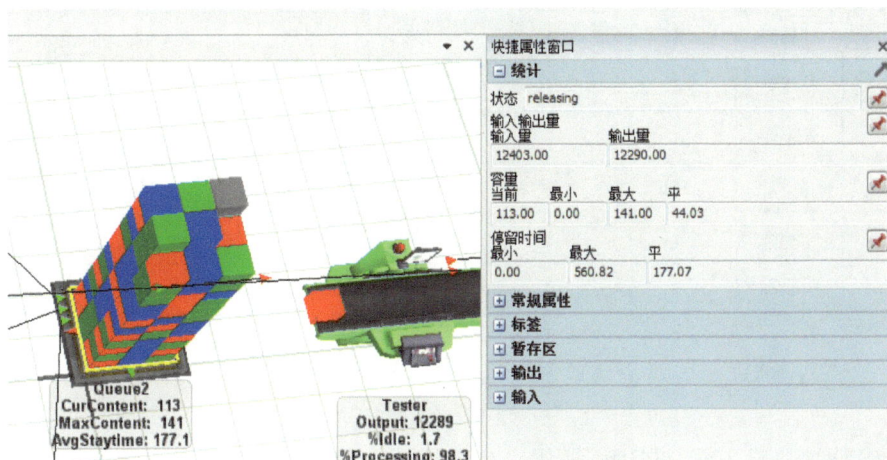

图 5-26　"快速属性窗口"中查看输出数据

还可以生成"汇总报告"来查看各个实体的状态数据，生成方法如图 5-27 所示。

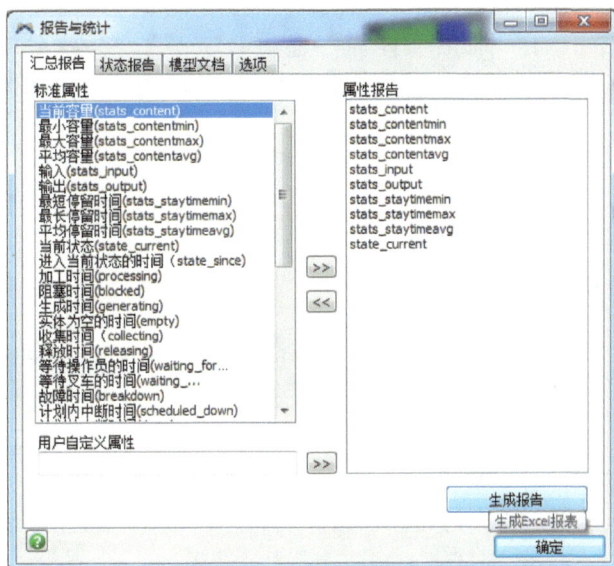

图 5-27　生成汇总报告

通过生成的汇总数据报告对比缓冲区 1 与缓冲区 2 的相应输出数据，会发现缓冲区 2 的堆积程度远超缓冲区 1，如表 5-3 所示。

表 5-3　Flexsim 仿真汇总报告

运行时间：50 000

对象名称	类　型	最大队长	平均队长	输　入　量	输　出　量	最大停留时间	平均停留时间
产品到达	发生器	0	1	0	9 926	0	0
缓冲区 1	队列	29	6	12 416	12 406	207	23
机器 1	处理器	1	1	4 152	4 151	12	10
机器 2	处理器	1	1	4 105	4 104	12	10
机器 3	处理器	1	1	4 149	4 148	12	10
缓冲区 2	队列	141	44	12 403	12 290	561	177
检验器	处理器	1	1	12 290	12 289	4	4
离开系统	吸收器	1	0	9 799	0	0	0

◤ 步骤 2：提高产量

由于检验站几乎 100% 利用，要提高生产能力，明显需要在系统中增加第 2 个检验站。

（1）创建第 2 个检验站。从对象库中拖放一个处理器到模型中，放在检验站 1 下面。设置它的名字为"检验站 2"，处理时间为 4 秒，与检验站 1 一样。

（2）用"A 连接"将"缓冲区 2"连接到"检验站 2"，然后依次连接"检验站 2"到"离开系统"，连接"检验站 2"到"缓冲区 1"。

（3）在"检验站 2"的"临时实体流"选项卡中，在"发送到端口"下拉列表框中选择"By Percentage"并在代码模板设置 80% 发送至端口 1，20% 发送至端口 2，如图 5-28 所示。

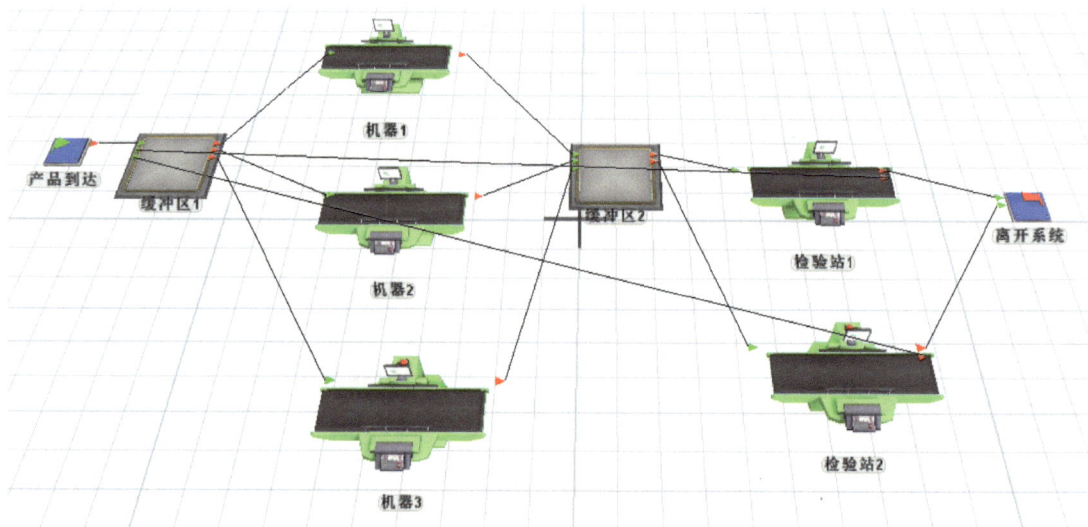

图 5-28　优化后仿真模型

步骤3：评估新配置

现在运行优化后的模型至少 50 000 秒，观察各机器利用率，如图 5-29 所示。检验站 1 约 66% 的时间忙，而新的检验站 2 仅约 35% 的时间忙。这是因为检验站缓冲区 2 优先向第一个输出端口（对应检验站 1）发送产品，从而导致检验站 1 比检验站 2 的利用率高。而 3 个上游处理器的利用率都不到 90%。整个系统没有机器的利用率接近 100%，说明系统已经没有瓶颈。

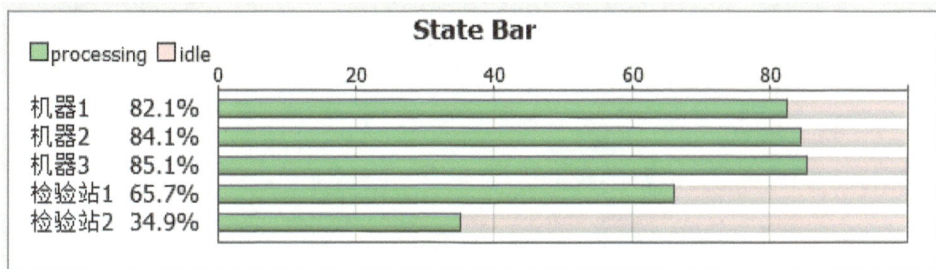

图 5-29　各机器利用率

任务评价

在完成上述任务后，教师组织进行三方评价，并对学生任务执行情况进行点评。学生完成表 5-4 的填写。

表 5-4　"Flexsim 仿真模型分析与优化"任务评价表

评价要素	评价标准	分值	评　分			
			自评（10%）	小组（10%）	教师（80%）	小计
Flexsim 模型运行	模型是否能够运行	20				
仿真运行结果分析	直观观察是否合理	15				
仿真汇总结果报告	是否生成报告并分析	20				
仿真模型优化	是否完成优化模型	20				
优化后模型评估	是否已经解决发现的瓶颈	15				
分　析　总　结		10				
合　　计		100				
评　　语						

拓展提升

拓展提升：带返工产品制造系统模型仿真运行与优化

➤ 实验内容

某工厂制造4种类型产品，产品随机到达。模型中有4台加工机器，每台机器加工一种特定的产品类型。产品完成加工后，必须在一个共享的检验台中检验质量，如果质量合格，就被送到工厂的另一个部门，离开仿真模型；如果发现不能修复的完全不合格品，则送到垃圾站，离开系统；如果检验发现尚能修复的不合格品，则返回第一个缓冲区进行返工操作。系统结构图如图5-30所示。

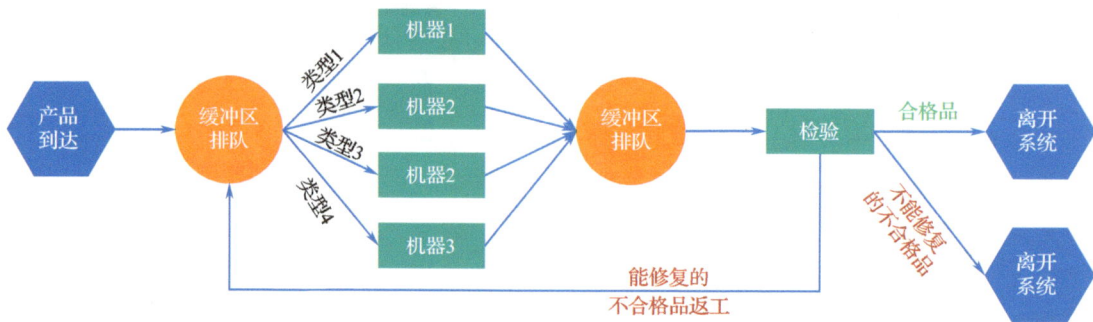

表5-30 带返工的产品制造系统结构

➤ 系统参数

产品到达时间间隔服从均值为5秒的指数分布（exponential）。到达产品类型服从1～4的整数均匀分布（duniform）。4台机器的加工时间都服从均值为10秒、标准差为2秒的正态分布（normal）。检验时间为常数4秒，70%的产品检验合格；10%的产品完全不合格，不能修复；20%的产品检验不合格，但尚能修复。两个缓冲区的容量都为10 000，仿真时间长度假设为50 000秒。

建立模型，运行模型，回答如下问题：

（1）系统产量是多少？完全不合格品有多少？

（2）两个缓冲区平均队长、平均等待时间各是多少？

（3）所有机器包括检验台的利用率是多少？系统是否存在瓶颈？

（4）再增加一个检验台，产能变为多少？系统是否存在瓶？

仿真实例

物流配送中心仿真实例

✏ 系统描述

（1）系统是一个货物分拣入库再出库的过程。

（2）由两辆货车运来的 4 种货物进入仓库。其中包括托盘集装的货物 1 种，散装货物 3 种。

（3）托盘集装的货物通过检验后，直接进入自动化立体仓库，散装货物经检验后，分拣拼装上架。

（4）不合格的货物，放至暂存区，等待退货。

（5）为方便出库，托盘集装的货物直接出库运输；散装货物经管拆托后出库。

（6）连续仿真一天的系统运行情况。

根据上述系统描述和系统参数，应用 Flexsim 仿真软件建立仿真模型并运行，查看仿真结果，分析各种设备的利用情况，发现系统中的问题，然后改变系统的能力配置（改变机器数量或更换不同能力的机器），查看结果的变化情况，确定系统设备的最优配置。

基于 Petri 网建立仿真模型

根据系统描述建立 Petri 网模型，如图 5-31 所示。

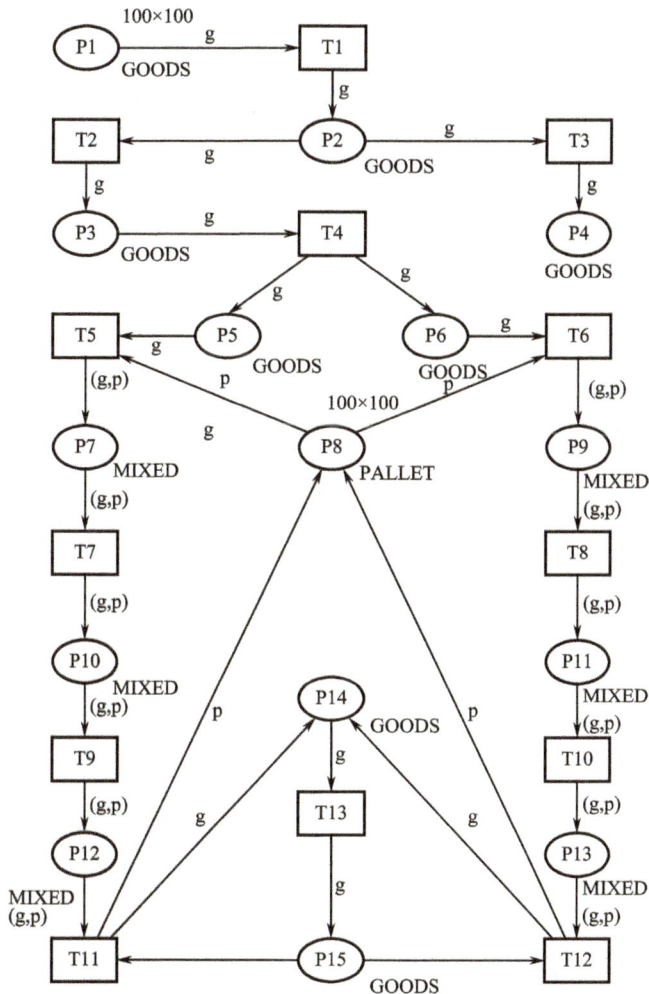

图 5-31　Petri 网模型

其中各节点的具体含义如表 5-5 所示。

表 5-5　Petri 网各节点含义

库　　　所	变　　　迁
P1：货物进入传送带	T1：开始传送
P2：货物进入传送带，准备检验	T2：检验
P3：检验合格的货物	T3：检验
P4：检验不合格的货物	T4：分拣
P5：货物 1	T5：货物 1 组托
P6：货物 2	T6：货物 2 组托
P7：货物 1 组托完成	T7：货物 1 准备入库
P8：托盘	T8：货物 2 准备入库
P9：货物 2 组托完成	T9：货物 1 出库
P10：货物 1 在库	T10：货物 2 出库
P11：货物 2 在库	T11：货物 1 拆托
P12：货物 1 准备拆托	T12：货物 2 拆托
P13：货物 2 准备拆托	T13：货物装车
P14：货物准备装车	
P15：装车完成	

建立 Flexsim 仿真模型

根据系统描述，通过对系统的分析，建立正确的模型。在标准实体栏中选择正确的实体，将其拖曳到正确的位置即可。

根据系统描述，可设置两个发生器，共产生 4 种货物，两个暂存区用来存放需要退货的货物，两台处理器用来进行货物的检验，两条分拣传送带用来进行货物的分拣，三台合成器将三种散货进行组托，自动化立体仓库货架 8 个，堆高机 4 台，普通传送带若干。

实体建立完成后，下一步是根据临时实体的路径连接端口。连接过程是：按住"A"键，然后用鼠标左键单击发生器并拖曳到传送带 1，再释放鼠标键。拖曳时将看到一条黄线，释放时变为黑线。模型如图 5-32 所示。

参数设置

参数设置是指对模型中的各实体参数按照系统描述所示进行设置。双击标准实体，就弹出其参数设置窗口，在窗口中根据系统描述选择正确选项后单击"确定"按钮即可。

◇ 发生器离开时触发设置类型为 4，发生器 1 的参数设置如图 5-33 所示。

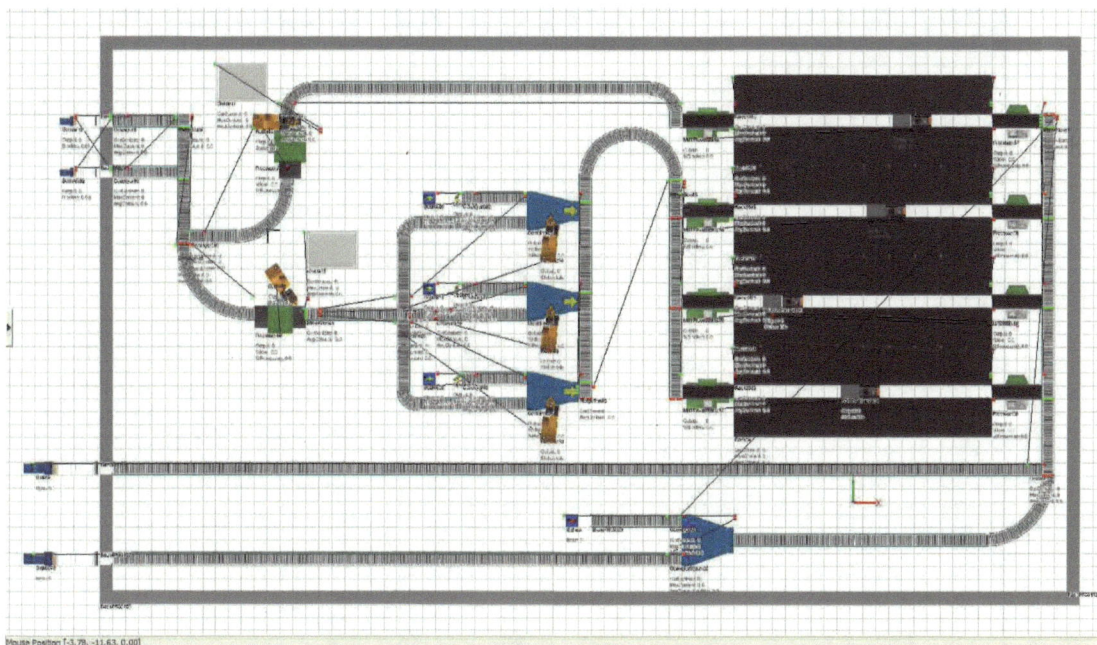

图 5-32　仿真模型图

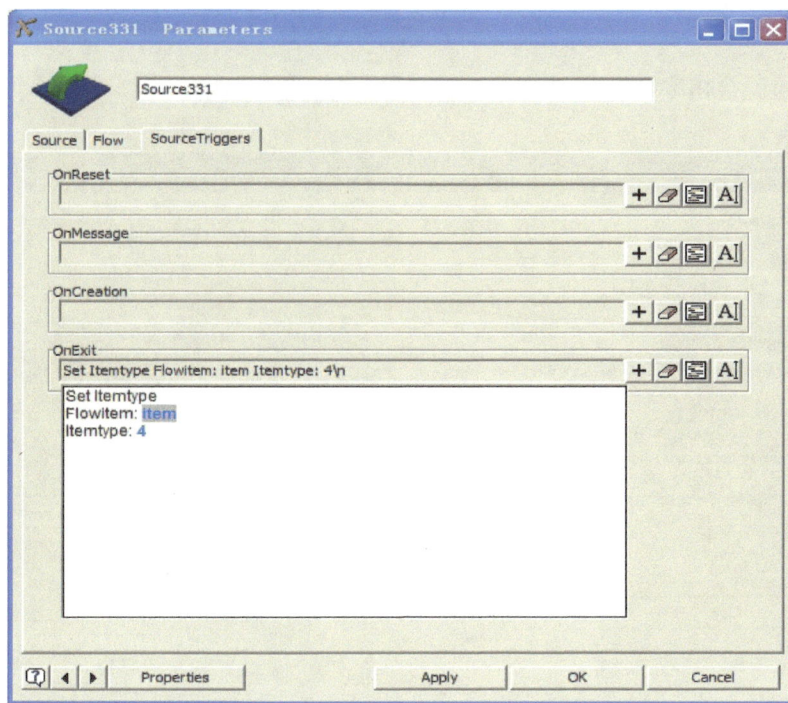

图 5-33　发生器 1 的设置

　◇ 设置货物的入点与出点，分拣传送带 1 的参数设置如图 5-34 所示。

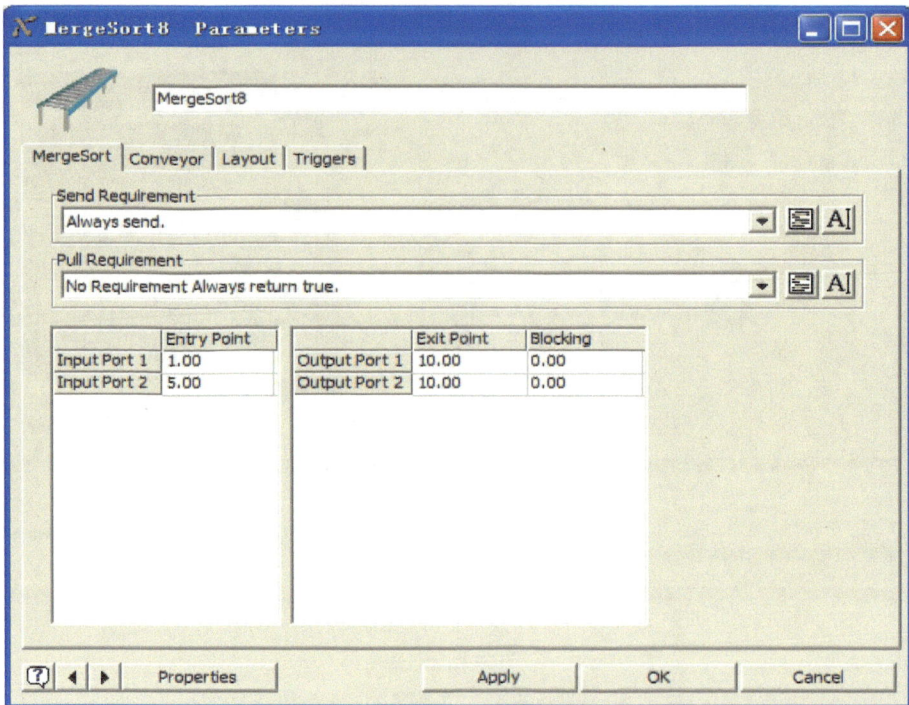

图 5-34 分拣传送带 1 的参数设置

◇ 货物检验合格率 90%，处理器 1 的参数设置如图 5-35 所示。

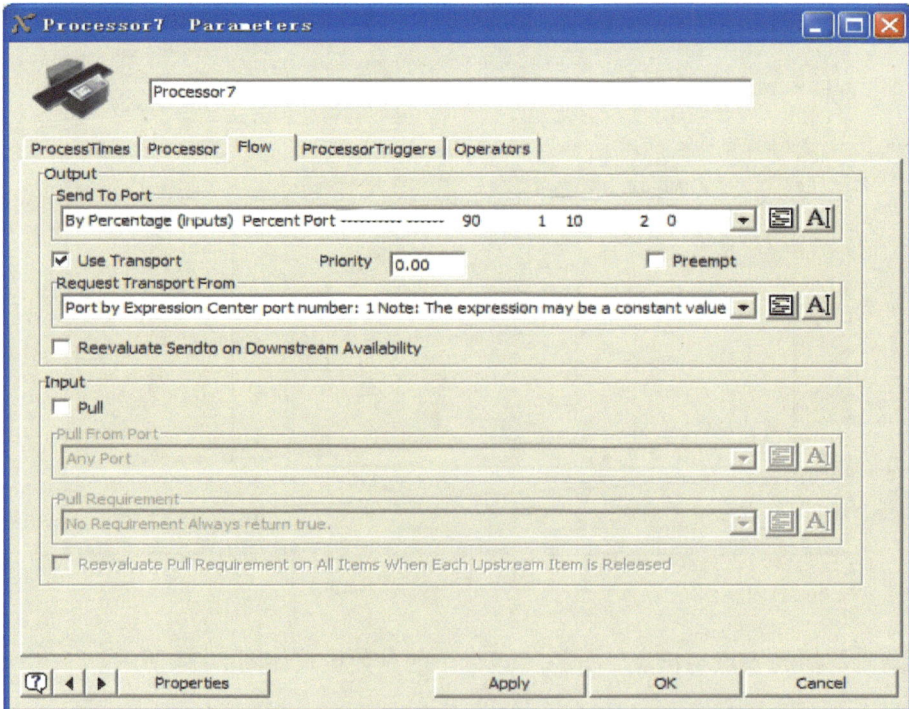

图 5-35 处理器 1 的参数设置

❖ 对输送机参数进行设置，将托盘集装货物进行分拣，参数设置如图 5-36 所示。

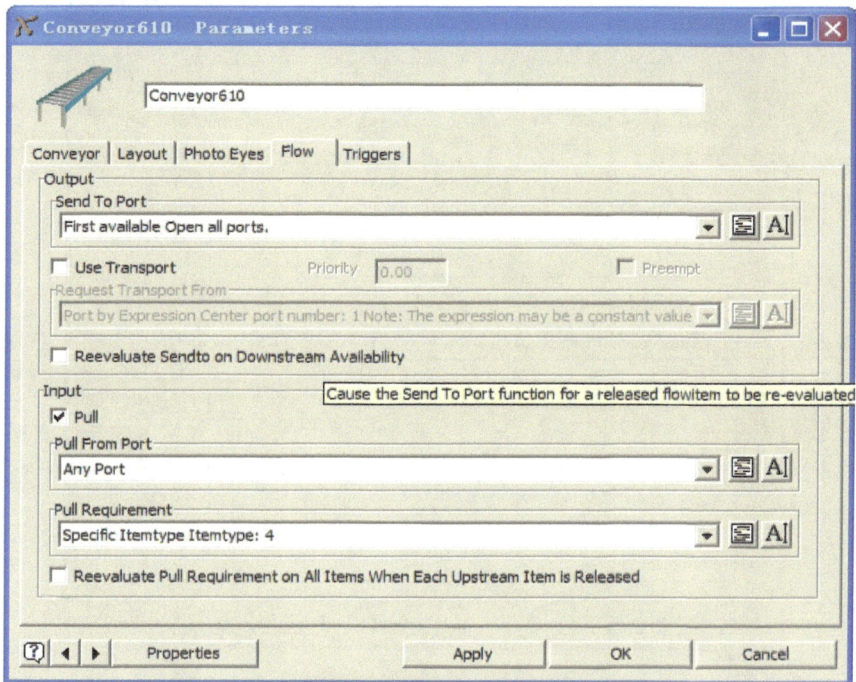

图 5-36 输送机的参数设置

❖ 对分拣传送带 2 进行参数设置，如图 5-37 所示，表示将三种散货进行分类。

图 5-37 分拣传送带 2 的参数设置

❖ 对合成器进行参数设置，设置组托后的流体类型，用于分拣，如图5-38所示。

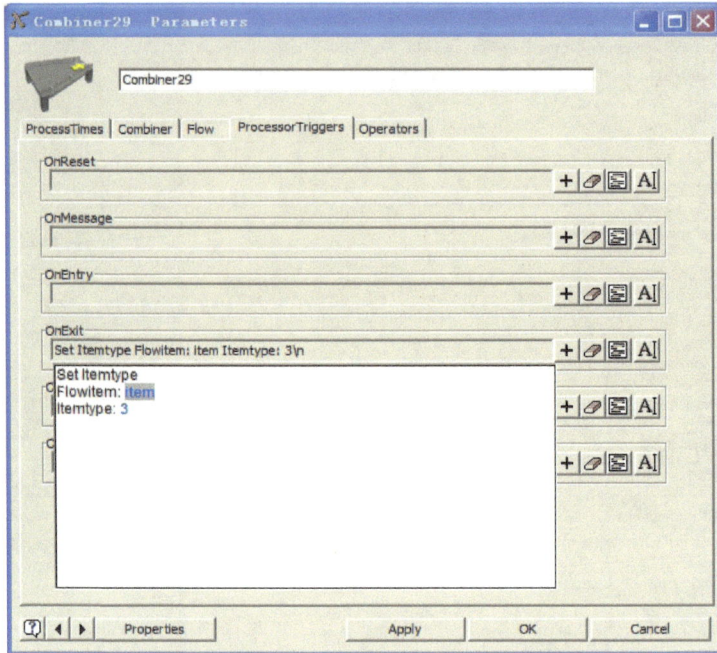

图5-38　合成器的参数设置

❖ 对合成器进行参数设置，设置托盘码放货物的数量，如图5-39所示。

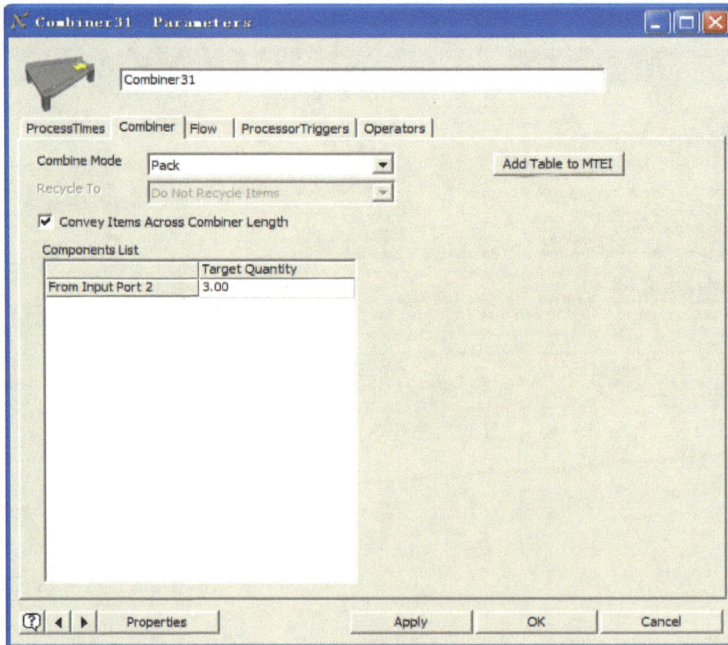

图5-39　合成器的参数设置

❖ 对分拣传送带3进行参数设置，设置货物进出点及分拣类型，如图5-40所示。

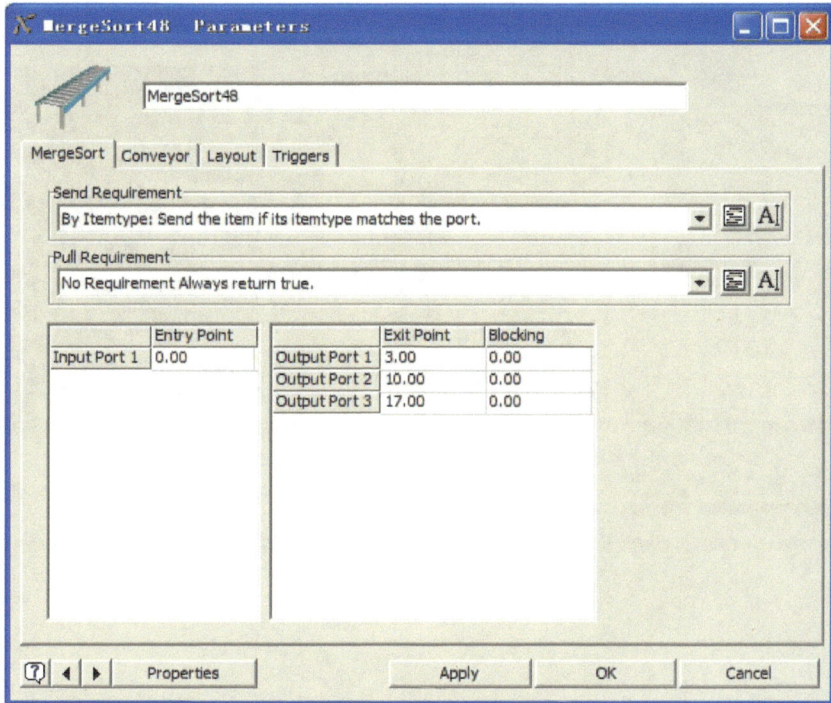

图 5-40　分拣传送带 3 的参数设置

❖ 对分解器进行参数设置，将出库的货物拆托，如图 5-41 所示。

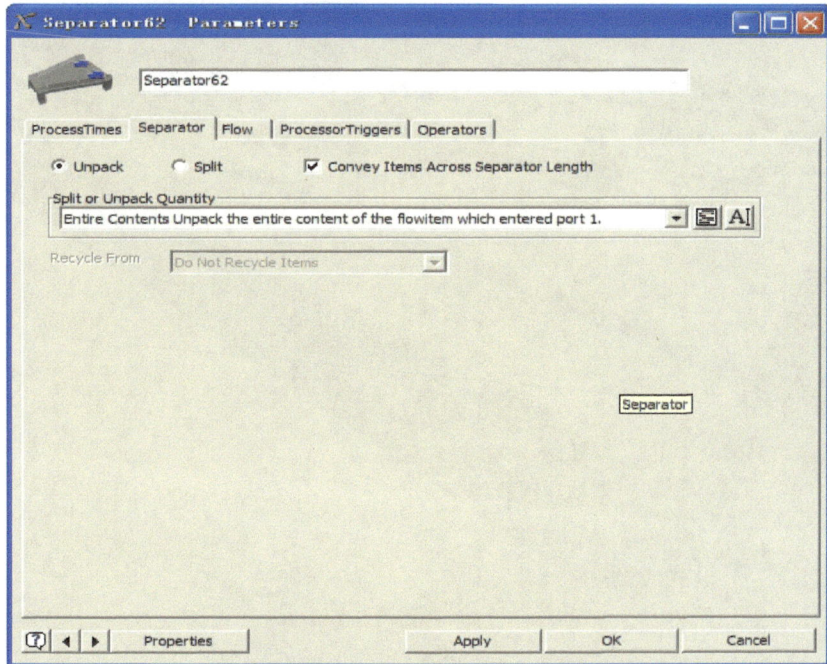

图 5-41　分解器的参数设置

❖ 对模型进行美化，最终效果如图 5-42 所示。

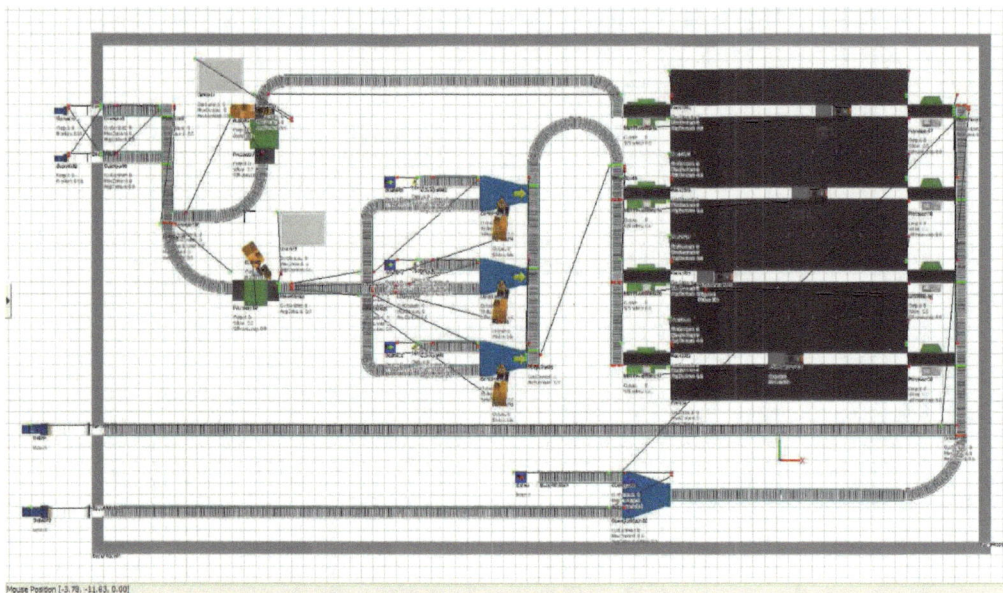

图 5-42　最终效果

模型运行

系统运行透视图如图 5-43 所示。

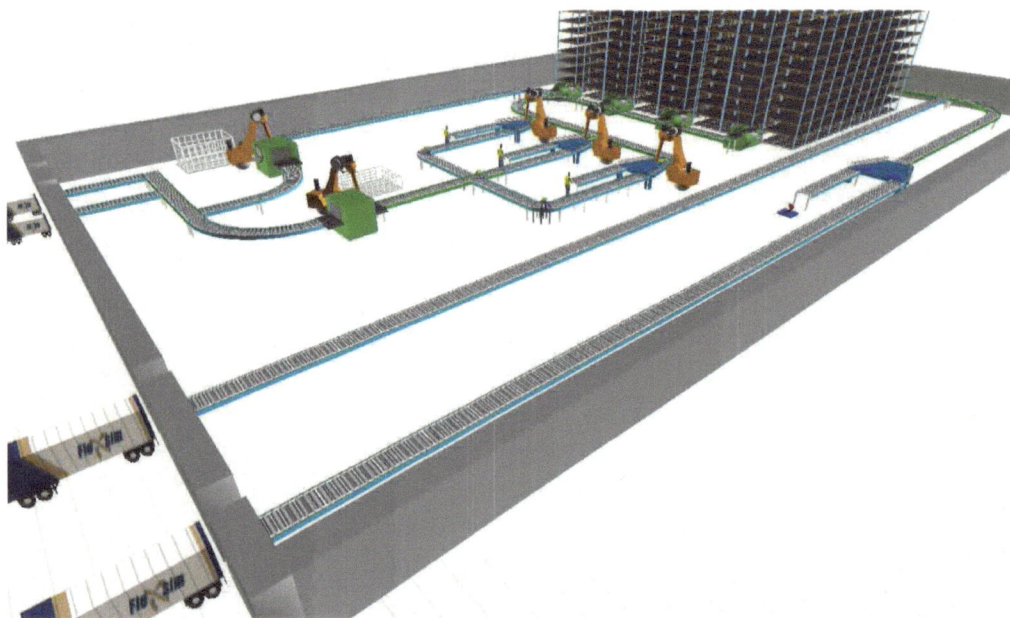

图 5-43　系统运行透视图

数据统计

系统仿真一天后，标准数据报告统计如图 5-44 所示。

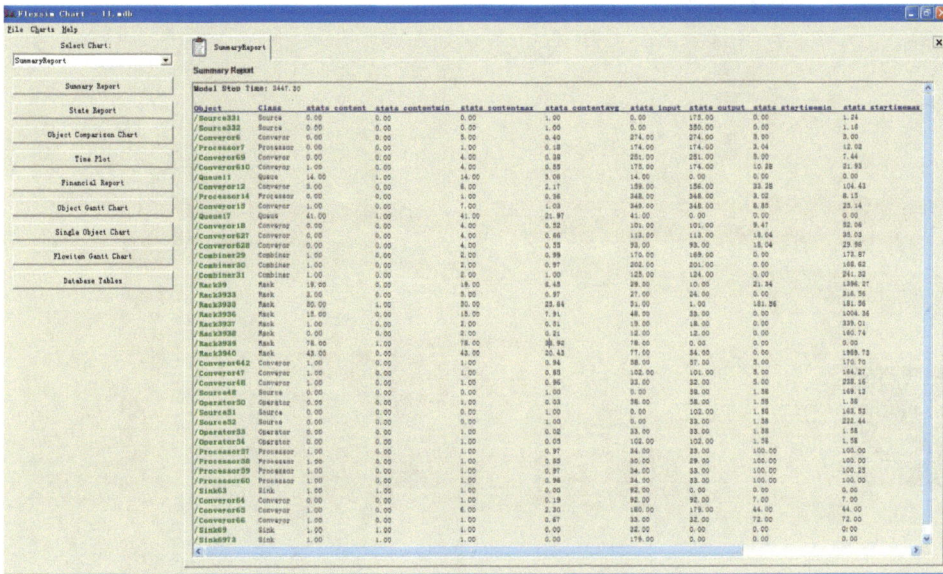

图 5-44　系统运行仿真数据

对几个关键实体进行统计的柱状图如图 5-45 所示。

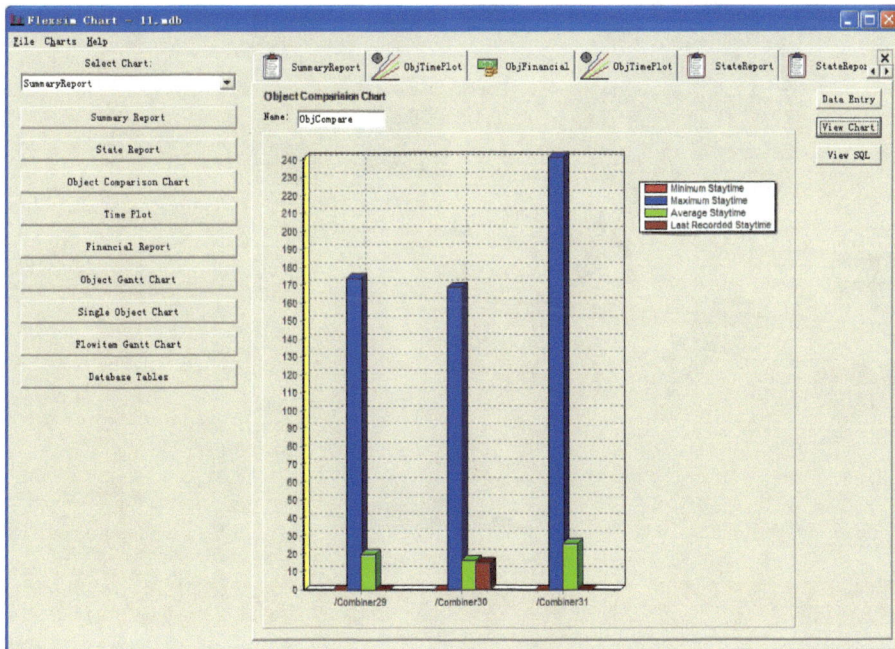

图 5-45　关键实体分析数据

通过对 3 个合成器的停留时间进行分析，发现合成器 31 的最大停留时间最大，说明其组托效率最低；合成器 30 的最大停留时间最小，其组托效率最高；最小时间均为 0，说明在其组托过程中，除了组托的过程，还有空余的时间；根据平均停留时间可知，合成器 30 的效率最高。由最后记录停留时间可知，合成器 30 在停止时仍在进行组托工作。

项目六
电子订货系统

任务一 认识电子订货系统

任务展示

晋江维维超市的采购员小王最近遇到了很麻烦的事。生产旺季要进行原材料和配件订货，可是打电话给供应商经常遇到对方电话无人接听或电话占线的问题。有时对方又会听错订单内容。有的供应商虽然有传真机，但是又会出现机器故障，导致传真内容看不清楚。请你帮小王想想要如何解决这个问题。

任务描述：认识电子订货系统。

任务培训

任务培训 1：什么是电子订货系统？

电子订货系统（Electronic Ordering System，EOS）是指企业间利用通信网络（VAN 或互联网）和终端设备以在线连结（ON-LINE）方式进行订货作业和订货信息交换，完成从订货、接单、处理、供货、结算等全过程在计算机上进行处理的系统。

任务培训 2：EOS 的基本框架是什么？

电子订货系统采用电子手段完成供应链上从零售商到供应商的产品交易过程，其基本框架如图 6-1 所示。一个基本的 EOS 系统必须有以下 4 部分。

供应商：商品的制造者或供应者（生产商、批发商）。

零售商：商品的销售者或需求者。

网络：用于传输订货信息（订单、发货单、收货单、发票等）。

计算机系统：用于产生和处理订货信息。

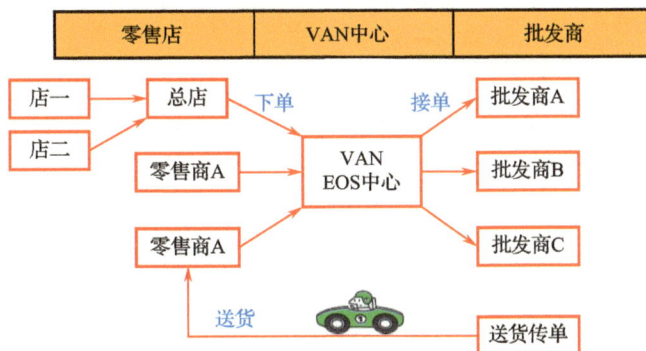

图 6-1 EOS 的基本框架

任务培训 3：EOS 的类型有哪些？

电子订货系统的分类，一般按运作程序和应用范围来划分，如图 6-2 所示。典型的连锁超市，由于商品特性不同或订货差异，使得 EOS 在应用上也有区别，如表 6-1 所示。

连锁体系内部的网络型
供应商对连锁门店的网络型
众多零售系统共同利用的网络型

按运作程序分类 — EOS 的类型 — 按应用范围分类

企业内的EOS
企业间的EOS

图 6-2　EOS 的类型

典型的连锁超市，由于商品特性不同或订货差异，使得 EOS 在应用上也有区别，如表 6-1 所示。

表 6-1　EOS 系统适用场合

商品类型	应用说明	商品举例
定期订货商品	导入初期最适合使用的部分	糖果、饼干
日配品	必须每日供给补充的商品	鲜牛奶、鲜鸡蛋
生鲜食品	导入 EOS 较为困难的部分	肉类、鲜鱼、蔬果
新品/促销品	导入效果不好的领域	

任务培训 4：EOS 能产生怎样的效益？

传统的电话订货和传真订货经常会发生书写错误、丢失订货单记录等问题。电子订货系统不仅能改善这些问题，还能提高工作效率，如表 6-2 所示。

表 6-2　EOS 的优势说明表

参与主体	效益说明
零售商	订货作业合理化，降低订货成本
	降低库存，提高周转率
	有效缩短订货、到货的前置时间
	建立商店综合管理系统
供应商	缩短接单处理时间
	减少退货
	批发业的库存适量
物流中心	减少订发货处理时间及错误
	降低退货率
	缩短订单至交货的时间

任务培训 5：EOS 是如何运作的？

电子订货系统的运作需要零售商、生产商和物流中心的参与，而且他们之间不是"一对一"的关系，而是"多对多"的关系，如图 6-3 所示。

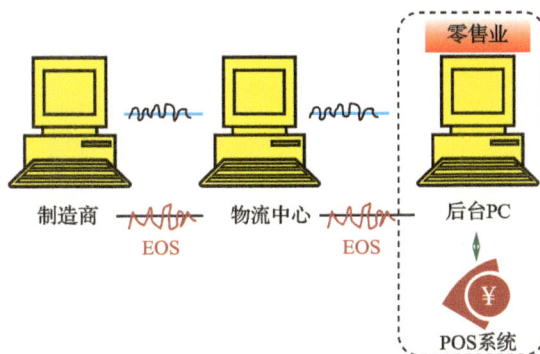

图 6-3　EOS 的运作模式

任务执行

步骤 1：EOS 操作流程说明

在零售店的终端利用条形码阅读器获取准备采购的商品条形码，并在终端机上输入订货资料，利用电话线通过调制解调器传到批发商的计算机中。

批发商开出提货传票，并根据传票开出拣货单，实施拣货，然后根据送货传票进行商品发货。

送货传票上的资料便成为零售商店的应付账款资料及批发商的应收账款资料，并接到应收账款的系统中去。

零售商对送到的货物进行检验后，就可以陈列出售了。

步骤 2：EOS 订单处理过程

EOS 订单处理过程包含订单准备、传输、录入、履行、跟踪等步骤，如图 6-4 所示。

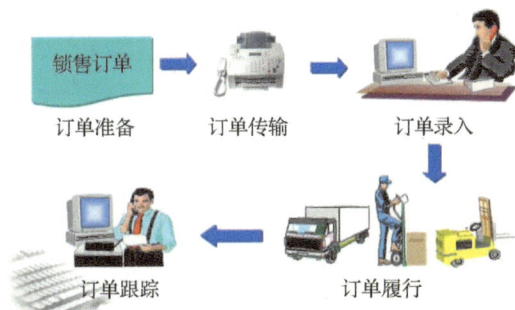

图 6-4　订单处理过程图

步骤 3：EOS 操作流程图绘制

零售商和供应商的操作流程如图 6-5 所示，请把空白位置补充完整。

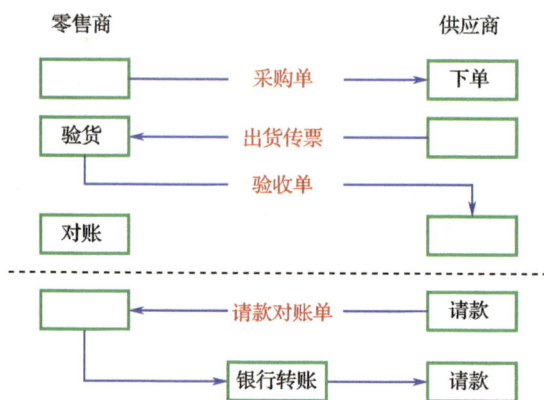

图 6-5 EOS 系统操作流程图

任务评价

在完成上述任务后，教师组织进行三方评价，并对学生任务执行情况进行点评。学生完成表 6-3 的填写。

表 6-3 "EOS 流程绘制" 任务评价表

评价要素	评价标准	分值	评分			
			自评（10%）	小组（10%）	教师（80%）	小计
EOS 流程说明	描述是否合理	45				
EOS 流程绘制	填制是否规范	45				
分析总结		10				
合计		100				
评语						

拓展提升

拓展提升 1：销售订货流程绘制

订货人员在进行订货作业时，要先在卖场查看各商品销售状况，确认所需订货，方可进行订货作业；要特别注意是否有未上货架的库存商品。

订货人员在卖场扫描所需进货的商品价格卡，输入订货商品的数量。

订货人员将掌上终端机的订货资料输入后台计算机，再由后台计算机通过数据机把订货资料传送至供应商或连锁公司总部的配送中心。

请根据上述流程，完成销售订货流程图的绘制，如图 6-6 所示。

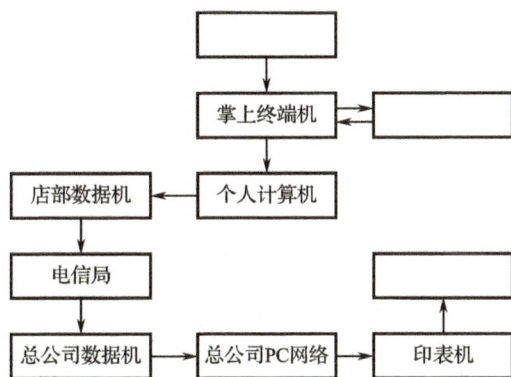

图 6-6　EOS 销售订货流程图

拓展提升 2：盘点作业流程绘制

连锁店在进行盘点作业时，盘点人员可手持掌上终端机去卖场和仓库，逐一扫描商品的价格卡或商品的条形码，并输入清点的商品数量。

商品存货清点与输入完成之后，将掌上终端机连接到后台计算机上，以便统计和传输盘点资料。

再通过数据机把盘点资料传输至公司总部的计算机，总部计算机经过运算后，可做出盘点统计表、盈亏表和其他管理报表。

请根据上述流程，完成盘点作业流程图的绘制，如图 6-7 所示。

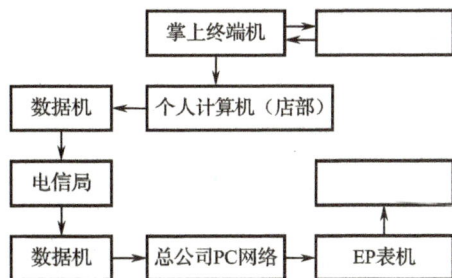

图 6-7　盘点作业流程图

任务巩固

1. 采购申请模块的功能包括接受企业 ERP 系统自动提交的原材料采购申请。（　　　）

A. 正确　　　　　　　B. 错误

2. EOS 系统的功能是处理、分析、使用客户信息。（　　　）

A. 正确　　　　　　　B. 错误

3. 自动报价系统不需要输入的数据包括客户名称、询问商品的名称、商品的详细规格、商品等级等。（　　　）

A. 正确　　　　　　　B. 错误

4. 订单状态（　　　）是指用户收到订购的商品，安装调试完毕，用户付款且满意。

A. 正在处理　　　　B. 产品缺货　　　　C. 货在途中　　　　D. 处理完毕

5. 根据整体运作程序划分，电子订货系统可以划分为（　　　）。

A. 企业内部的 EOS 系统

B. 部门内部的 EOS 系统

C. 零售商与批发商之间的 EOS 系统

D. 零售商、批发商、生产商之间的 EOS 系统

6. 网络采购相比传统采购，优势主要体现在（　　　）。

A. 降低采购成本   B. 促进采购信息化建设

C. 减少人为干扰   D. 有效保证采购质量

任务二 电子订货系统的应用

任务展示

企业要想拉动与下游客户之间在订货协作、商品推介、库存查看、资金支付、物流查询、渠道沟通等业务环节的紧密协作，形成稳定的移动商圈，迎接互联网＋时代的渠道销售模式变革，可以尝试使用 B2B 分销电商平台。下面我们一起来学习新型的营销工具——易订货。

任务培训

任务培训 1：电子订货方式有几种？

电子订货方式一般有 3 种，分别是订货簿订货、货架卡订货和低于安全库存订货法，如表 6-4 所示。

表 6-4　电子订货方式

电子订货方式	详 细 说 明
订货簿订货	携带订货簿和电子订货终端机去现场查看缺货情况，输入订货数量，通过 EOS 传输订货信息
货架卡订货	利用电子订货终端机，一边巡货一边订货
低于安全库存订货法	当库存量低于安全库存，EOS 会自动打印订货单并传送给供应商

任务培训 2：企业如何实施 EOS？

企业实施电子订货系统的步骤如表 6-5 所示。

表 6-5 EOS 的实施过程

步　骤	详 细 说 明
事先检核	企业自身的业态属性
	信息化程度
	系统维护能力
系统规划	申请增值网
	建立联网对象的协调制度
	建立企业代码及机制
	建立商品目录
	建立标准的订货模式
	建立商品交易档案
	培训作业人员
系统推广	建立商品、公共数据库
	建立企业公共代码和商品代码

任务培训 3：一般电子订货系统的基本模块有哪些？

电子订货系统中的供货方部分一般包含订单模块、客户模块、商品模块和辅助模块，而订货方部分则包含订单模块、商品模块和辅助模块，如图 6-8 所示。

供货方和订货方的基本操作如图 6-9 所示。

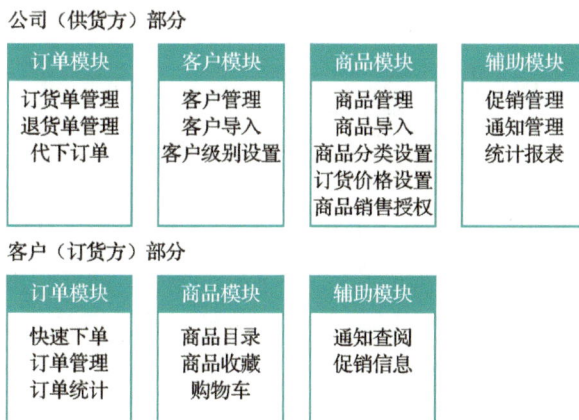

公司（供货方）部分

订单模块	客户模块	商品模块	辅助模块
订货单管理 退货单管理 代下订单	客户管理 客户导入 客户级别设置	商品管理 商品导入 商品分类设置 订货价格设置 商品销售授权	促销管理 通知管理 统计报表

客户（订货方）部分

订单模块	商品模块	辅助模块
快速下单 订单管理 订单统计	商品目录 商品收藏 购物车	通知查阅 促销信息

图 6-8 EOS 基本模块

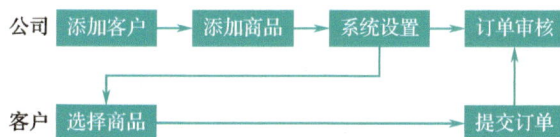

公司 添加客户 → 添加商品 → 系统设置 → 订单审核

客户 选择商品 → 提交订单

图 6-9 EOS 基本操作

✕ 任务执行

✎ 步骤1：登录易订货注册新账号

在浏览器中输入网址：https://sso.dinghuo123.com/login，进入注册界面。注册完毕后，使用用户名、密码登录系统，如图6-10所示。

图6-10 易订货注册账号图

✎ 步骤2：设置公司信息

进入设置界面，修改公司信息，填写公司名称、行业类别、联系人等信息。例如，万盛汽车用品店，如图6-11所示。

图6-11 设置公司信息图

步骤 3：设置部门与员工信息

修改部门与员工信息，给每个员工设置相应的登录账号及所在部门，并为每个部门和员工分配工作权限，如 a222 员工的部门是业务部，他的工作权限是业务负责人，如图 6-12 所示。

图 6-12　设置部门和员工信息图

步骤 4：设置业务流程

在此界面可以进行订货流程设置、退货流程设置等，如图 6-13 所示。

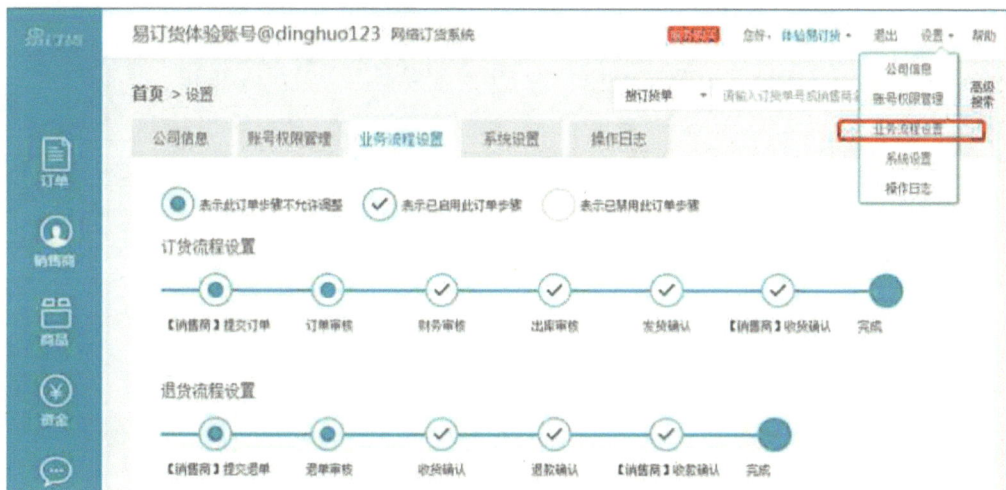

图 6-13　设置业务流程图

流程描述：

客户【提交订单】后，订单状态为"待订单审核"；

订单审核员【订单审核】通过后，订单状态为"待财务审核"；

财务审核员【财务审核】通过后，订单状态为"待出库审核"；

仓库管理员【出库审核】通过后，订单状态为"发货确认"；

发货审核员【发货确认】后，订单状态为"待收货确认"；

客户进行【收货确认】后，此订货单所有环节完成。

步骤 5：设置系统

在此界面进行订货方名称、系统初始化、订单设置、商品设置、库存设置、物流快递设置、资金设置、客户设置等，如图 6-14 所示。

图 6-14　设置系统图

步骤 6：设置商品信息

单击左侧菜单栏中的"商品"，可进行商品管理设置。单击"新增商品"按钮，打开新增商品信息录入界面，依次录入商品名称、商品价格、商品库存、商品促销信息、商品类别、计量单位和商品规格等信息。例如，万盛汽车方向盘保护套的设置如图 6-15 所示。

图 6-15　设置商品信息图

步骤 7：设置供应商管理及其他功能模块信息

在出库发货管理中可设置分批次出库发货，并支持物流信息查询功能，如图 6-16 所示。

图 6-16　设置出库发货信息图

开通在线支付功能，在线付款、即时到账、安全便捷、订单收款准确清晰，如图 6-17 所示。

图6-17　设置在线支付信息

单击左侧菜单栏中的"报表"，可设置业务趋势、地区统计、商品销售、客户订货各种报表，如图6-18所示。

图6-18　设置报表信息

步骤8：设置订货客户管理系统

客户的订货系统与后台基本类似，进入在线订货平台界面，客户可下单、查看促销信息、收藏产品，以及对订单、商品、资金、促销、通知等进行管理，如图6-19所示。

图6-19 设置客户订货信息图

单击左侧菜单栏中的"订单"，客户可在此界面查看订货单、退货单及进行订单统计，如图6-20所示。

图6-20 订单管理信息图

单击左侧菜单栏中的"商品"，客户可在此界面查看商品种类、商品信息，选择商品，通过修改订购数量将商品加入购物车，如图 6-21 所示。

图 6-21　商品管理信息图

选购完的商品会加入购物车，打开购物车可查看商品信息，可以继续修改订货数量确认无误后，单击"立即下单"按钮完成一次商品订购，如图 6-22 所示。

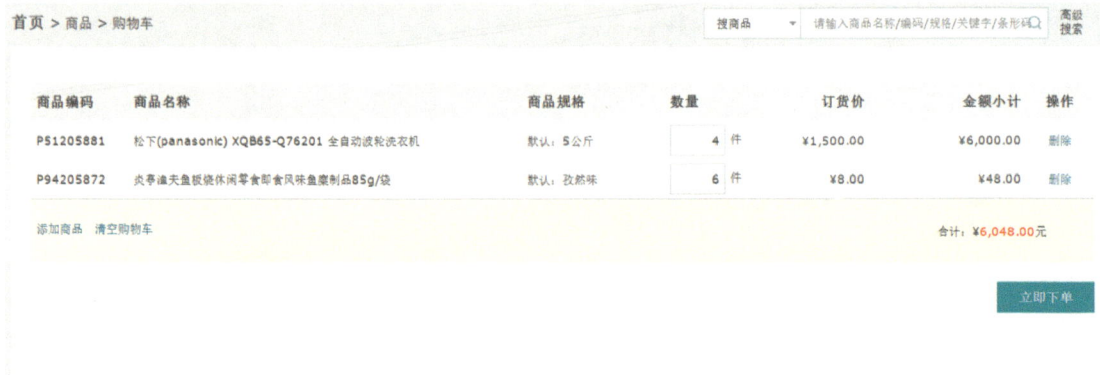

图 6-22　商品订购信息图

任务评价

在完成上述任务后，教师组织进行三方评价，并对学生任务执行情况进行点评。学生完成表 6-6 的填写。

表 6-6 "易订货操作"任务评价表

评价要素	评价标准	分值	评 分			
			自评（10%）	小组（10%）	教师（80%）	小计
设置公司、部门员工信息	填写是否正确、完整	40				
设置商品信息	填写是否正确、完整	20				
设置其他功能模块	填写是否正确、完整	30				
分析总结		10				
合计						
评语						

拓展提升

拓展提升1：易订货适合的商群

易订货适合各类直分销混合企业与连锁企业使用，如图6-23所示。

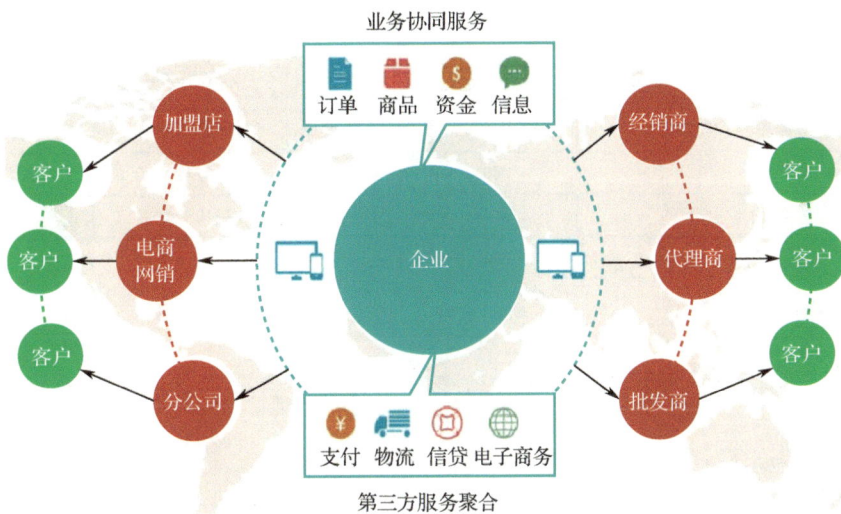

图 6-23 易订货适合的商群图

拓展提升2：易订货基础信息操作

请你为万盛食品有限公司在易订货平台注册一个账号，公司信息、客户信息、商品信息、部门员工信息，如表6-7至表6-10所示。

表 6-7 公司信息表

公司名称	行业类别	联系人	联系电话	所在地区
万盛食品有限公司	食品	吴强	13545985580	福建泉州

表 6-8　客户信息表

客户名称	编　号	联系人	联系电话	所在地区
沃尔玛超市	0001	王三	13545985531	福建福州
好再来超市	0002	张全	13847499300	福建厦门
全家便利店	0003	刘地	13648574849	江西九江
美德利便利店	0004	蔡豪	13694958904	福建宁德
全家福超市	0005	李佳	13894589499	江西南昌

表 6-9　商品信息表

商品名称	商品编号	单　位	规格型号	进　价(元)	市场价(元)
娃哈哈矿泉水	10001	瓶	250ml	1	1.5
森活水	10002	瓶	250ml	1	1.5
蒙牛优酸乳	20001	瓶	250ml	1.5	2.5
伊利优酸乳	20002	瓶	250ml	1.5	2.5
康师傅红烧牛肉面	30001	袋	100g	0.6	1.3
旺旺雪饼	30002	袋	500g	2.5	4

表 6-10　部门员工信息表

员　工	编　号	部　门	联系电话	权　限
张来	001	业务部	13545985531	部门负责人
王园	002	财务部	13847499300	部门负责人
李四	003	仓储部	13648574849	部门负责人

任务巩固

1. 根据基础信息，请你作为王三和蔡豪在易订货平台订货，供货方为万盛食品有限公司。

2. 请你作为李佳在易订货平台订货并进行退货处理。

物流资讯

海尔订单信息流驱动：同步并行工程

海尔的企业全面信息化管理是以订单信息流为中心，带动物流、资金流的运动，所以在海尔的信息化管理中，同步工程非常重要。

例如，美国海尔销售公司在网上下达一万台的订单。订单在网上发布的同时，所有的部门都可以看到，并同时开始准备，相关工作并行推进。不用召开会议，每个部门只要知道与订单有关的数据，做好自己应该做的事就行了。如采购部门一看到订单就会做出采购计划，设计部门也会按订单要求把图纸设计好。3月24日，河北华联通过海尔网站的电子商务平台下达了 5 台商用空调的订单，订单号为 5000541，海尔物流采购部门和生产制造部门同时接到订单信息，在计算机系统上马上显示出负责生产制造的海尔商用空调事业部的缺料情况，采购部门与压缩机供应商在网上实现招投标工作，配送部门根据网上显示的配送清单 4 小时以内及时送料到工位。3 月 31 日，海尔商用空调已经完成定制产品生产，5 台商用空调室外机组已经入库。

海尔电子事业部的美高美彩电也是海尔实施信息化管理、采用并行工程的典型案例。传统的开发过程是串行过程，部门之间相互隔离，工作界限分明，产品开发按阶段顺序进行，导致开发周期长、成本高，这个过程需要 4～6 个月的时间。

海尔电子事业部为保证美高美彩电在 2000 年国庆节前上市，根据市场的要求，原定 6 个月的开发周期必须压缩为两个月。以两个月时间为总目标，美高美彩电开发项目组建立开发市场链，按信息化管理的思路组建了两个网络，一个是由各部门参与的、以产品为主线的多功能集成产品开发团队；另一个是由采购供应链为主线的外部协作网络。

在产品设计方面，美高美彩电就是通过技术人员到市场上获得用户需求信息，并把信息转化为产品开发概念。在流程设计方面，通过内部流程的再造和优化，整合外部的优势资源网络，在最短的时间内，以最低的成本满足了订单需求。在设计过程中，一个零部件设计出来后，物流就可以组织采购，而且物流参与到设计中，提高产品质量。

最终海尔美高美彩电从获得订单到产品上市只用了两个半月的时间，创造了产品开发的一个奇迹。

项目七
ERP 系统

任务一　认识 ERP

任务展示

中牧集团 ERP 系统的导入，使中牧变成了一个能进行"实时业务处理、实时信息反馈、实时绩效监控、实时市场响应"的"实时企业"。通过整个 ERP 系统的应用，不但在财务、销售、生产、采购及仓库业务管理方面实现了信息化和集成化，而且在应用中还发现了原先管理中不易察觉的一些漏洞，使公司的作业流程和岗位职能达到了最佳的规范和优化，提高了工作效率。ERP 的动态库存管理也解决了仓库库存的种种问题。

任务描述：认识 ERP。

任务培训

任务培训 1：什么是 ERP？

ERP（Enterprise Resource Planning）即企业资源计划，是指建立在信息技术基础上，以系统化的管理思想，为企业决策层及员工提供决策运行手段的管理平台。

E – Enterprise　（企业）
R – Resource　（资源）
P – Planning　（计划）

任务培训 2：ERP 的形成经过哪些阶段？

ERP 理论的形成是随着产品复杂性的增加、市场竞争加剧及信息全球化而产生的。ERP 的形成大致经历了 5 个阶段，如图 7-1 所示。

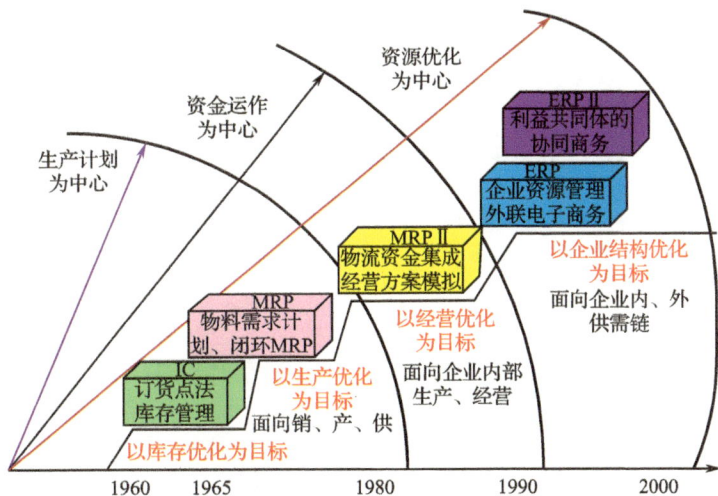

图 7-1　ERP 发展历程示意图

任务培训 3：如何理解 ERP 的发展过程？

ERP 理论的形成经过了 IC、MRP、MEP Ⅱ、ERP、ERP Ⅱ 这 5 个阶段，每个阶段产生的问题和改进方法如表 7-1 所示。

表 7-1　ERP 的形成过程表

阶　段	名　　称	详细说明
1	IC（订货点法库存管理）	制造业计划管理方式："发出订单、然后催办" 管理改进：设置安全库存量用于周转缓冲
2	MRP（物料需求计划）	管理者认识到：真正的需求是订单的交货日期 产生了对 BOM 的管理和利用 形成了物料需求计划
3	MRP Ⅱ（制造资源计划）	基本思想：制造、进销存和财务 MRP-II 的核心是物流，主线是计划，伴随着物流的过程，同时存在资金流和信息流
4	ERP（企业资源计划）	信息技术不断向制造业管理渗透 ERP 的主线也是物流，但 ERP 已经将管理的重心转移到财务上来，在整个企业的运作中贯穿了财务成本控制的概念
5	ERP Ⅱ	完整的 ERP 应该包括 CRM 和 SCM 单一的内部生产规划应该和外部的供应链相连接

MRP—MRP Ⅱ—ERP 的拓展关系不是否定或取代，而是发展和包罗，如图 7-2 所示。

图 7-2　MRP—MRP II—ERP 的拓展关系图

任务培训 4：ERP 的理论基础是什么？

企业的所有信息资源包括 3 大块：物流、资金流和信息流。

ERP 建立在信息技术基础上。

ERP 利用现代企业的先进管理思想，全面地集成了企业的所有信息资源信息。

ERP 为企业决策、计划、控制与经营业绩评估提供了全方位和系统化的管理平台。

任务培训 5：ERP 的流程是什么？

ERP 系统包括以下主要功能：供应链管理、销售与市场、分销、客户服务、财务管理、制造管理、库存管理、工厂与设备维护、人力资源、报表、制造执行系统（Manufacturing Executive System，MES）、工作流服务和企业信息系统等。具体的流程如图 7-3 所示。

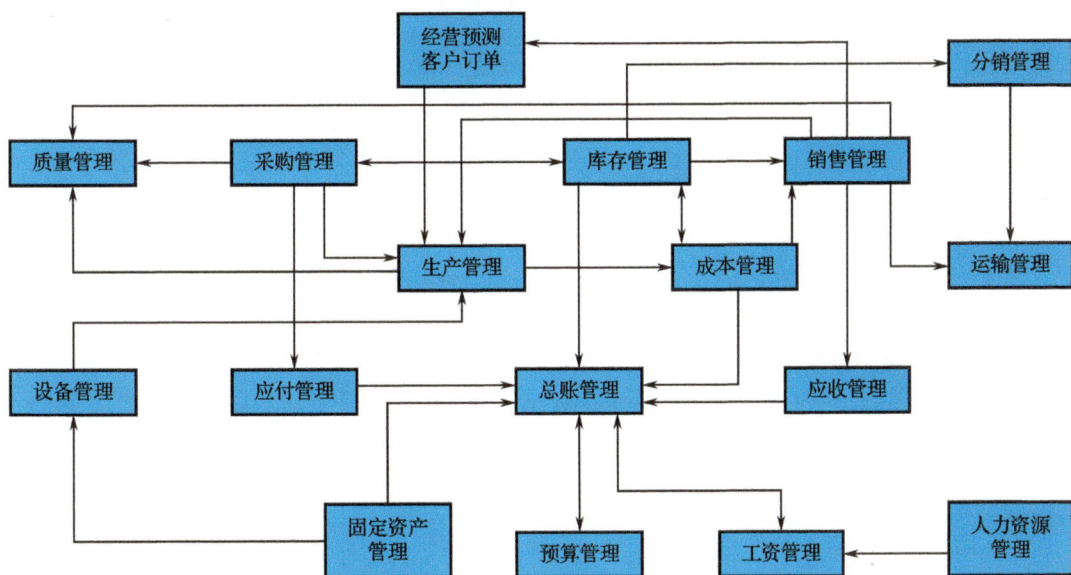

图 7-3　ERP 流程图

任务培训 6：ERP 有什么作用？

ERP 是将企业所有资源进行整合集成管理，简单地说是将企业的三大流（物流、资金流、信息流）进行全面一体化管理的管理信息系统。它的功能模块不同于以往的 MRP 或 MRPII 的模块，它不仅可用于生产企业的管理，而且在许多其他类型的企业如一些非生产、公益事业的企业也可导入 ERP 系统进行资源计划和管理。传统手工管理容易产生的问题如图 7-4 所示。企业使用 ERP 的效果如下：

（1）降低库存。

（2）动态掌握分销处的销售情况和库存，加快市场的反应速度。

（3）准备成本核算，迅速报价，赢得市场。

（4）按期交货，提高客户满意度。

（5）减少生产的盲目性和库存积压。

（6）简化无效率、复杂的企业流程，提高工作效率。

（7）加强了财务管理，减少财务收支差错和延误。

（8）将企业内部的流程予以标准化，提升了企业的管理水平。

（9）高度的信息集成，使领导决策科学化。

传统手工管理难以解决的问题

- 任务吃不了，能力吃不饱
- 生产不均衡，物流不畅通
- 加班熬红眼，质量难稳定
- 物料不配套，交期难达成
- 生产周期长，生产效率低
- 库存数量大，资金缺又紧
- 成本失控制，盈亏道不明
- 信息不共享，数据不统一
- 管理不规范，责任难分清
- 市场摸不准，决策拍脑门
- 环境变化快，应付疲又急

图7-4 传统手工管理产生的问题

任务执行

步骤1：订货点法基础资料

小陈与朋友小李合资开了一家制衣厂，订单如雪上门，但负责原料采购的小陈很是苦恼，因为仓储里的原料常常出现短缺的现象，员工经常在一阵忙碌之后，却又因为原料不足而停工。那么，有什么好方法可以帮助小陈呢？

步骤2：订货点法相关知识

对于某种物料或产品逐渐减少，当库存量降低到某一预先设定的点时，即开始发出订货单来补充库存，直至库存量降低到安全库存时，发出的订单所定购的物料刚好到达仓库补充前一时期的消耗，此一订货的数值点，即称为订货点，如图7-5所示。

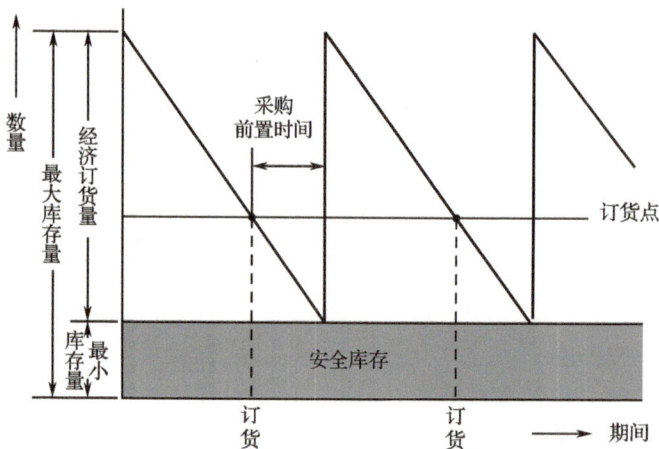

图7-5 订货点法

> ➤ **安全库存**

物料一旦低于安全库存线，便容易出现短缺现象。

> ➤ **提前期**

企业向供应商发出订单到收到货物的时间。

> ➤ **最大库存**

依仓库的库存容量、库存占有资金限制。

> ➤ **订货点**

订货点 = 订货提前期起始时的库存量 + 安全库存量

步骤 3：订货点法计算

小陈的制衣厂部分原料的情况如表 7–2 所示，请计算出各个原料的订货点。

表 7–2 ERP 的形成过程表

品 名	最大库存量	安全库存量	提 前 期	平均每日需求量	订 货 点
丝线	200 箱	10 箱	3	5	
圆形金属纽扣	180 箱	9 箱	4	10	
丝带	100 箱	8 箱	7	3	
锦线	300 箱	15 箱	5	10	

任务评价

在完成上述任务后，教师组织进行三方评价，并对学生任务执行情况进行点评。学生完成表 7–3 的填写。

表 7–3 "订货点法"任务评价表

评价要素	评价标准	分 值	评 分			
			自评（10%）	小组（10%）	教师（80%）	小 计
订货点法学习	知识是否理解	45				
订货点法计算	计算是否正确	45				
分 析 总 结		10				
合 计		100				
评 语						

拓展提升

拓展提升1：物料需求计划

在运用订货点法后，小陈制衣厂的运作得到了改善，但是随着时间的推移，小陈发现，因为服装行业的淡旺季的原因，制衣厂的订单量出现波动，进而在淡季时，常常会出现库存积压的现象，库存占用的资金大量增加，产品成本也随之提高，公司竞争力下降的情况也出现了。小陈开始思考，难道订货点法有错吗？有没有更好的方法可以改变现状？

主生产计划（Master Production Schedule，MPS）是确定每一具体的最终产品在每一具体时间段内生产数量的计划。根据主生产计划需要的物料种类、需要多少及有多少库存来决定订货和生产，如图7-6所示。

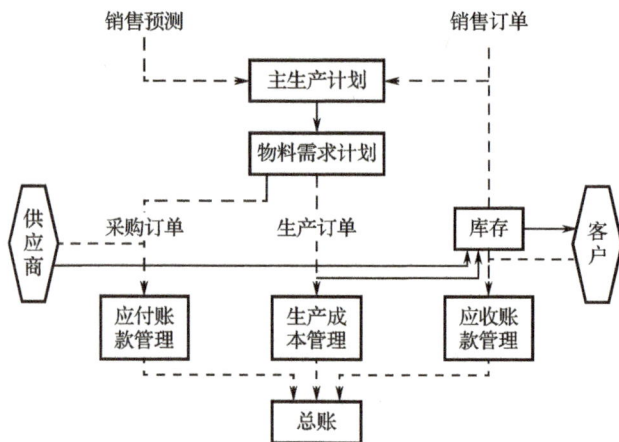

图 7-6　MRP 结构原理图

拓展提升2：绘制主生产计划图

请根据上述流程完成主生产计划图的绘制。

任务巩固

1. 在物料需求计划子系统中，生成物料需求计划模块产生相应的物料需求计划，包括生产计划和采购计划。（　　）

A. 正确　　　　　　B. 错误

2. 库存管理提供的库存数据，销售管理提供的销售数据，物料需求计划（MRP）将主生产计划细化为零件生产进度计划和原材料的采购进度，确定产品的投产日期和完工日期。（　　）

A. 正确　　　　　　B. 错误

3. 物料需求计划将产生的采购计划传递到采购管理模块，作为采购部门安排采购的一项依据。（　　）

A. 正确　　　　　　　B. 错误

4. MRP Ⅱ 与 MRP 的主要区别就是它运用了财务管理的概念。（　　）

A. 正确　　　　　　　B. 错误

5. ERP 的基本思想是（　　）。

A. 计划和管理　　　　B. 控制和组织

C. 计划和控制　　　　D. 组织和管理

6. 在 ERP 实施中，面向模块的实施战略适用于（　　）企业。

A. 部门界限不太清晰的小型企业

B. 各部门较独立的大企业

C. 业务流程不是特别复杂的中小企业

D. 有一定计算机技术运行基础的企业

7. 闭环 MRP 在时段 MRP 基础上添加了（　　）。

A. 库存需求计划　　　B. 生产计划

C. 能力需求计划　　　D. 采购需求计划

8. ERP 系统中的主业务流程包括（　　）模块。

I. 物流管理　　　II. 财务管理　　　III. 生产管理　　　IV. 库存管理　　　V. 采购管理

A. II、III、IV　　　　B. I、II、IV　　　　C. I、II、V　　　　D. I、II、II

9. 按照订货点法管理的物料的采购需求经常是通过（　　）的形式表现出来的。

A. MRP　　　　　　B. 报价单　　　　　C. 请购单　　　　　D. 采购订单

任务二　ERP 的应用

任务展示

小管家商贸通，是一款整合了采购、销售、仓库、财务 4 方面为一体的单机版 ERP 系统。软件系统功能齐全，界面简洁，流程清晰，易学易用，各模块可以 DIY，打印送货单样式齐全，也可以自己轻易设计自己所要的打印模板样式。报表从总到分再到原始单据，轻松查找，一目了然，是一款不可多得的超易用性进销存软件。

任务描述：掌握 ERP 系统的操作使用。

任务培训

任务培训 1：企业是否要使用 ERP 系统？

当一个企业具备以下条件，就可以考虑使用 ERP 系统来进行管理：

（1）企业的决策者具有超前的管理意识。

（2）企业在管理上开始出现问题。

（3）企业已经具备一定的实施条件，如公司成立一年以上，有一定的管理基础和经济基础。

（4）有物料编码体系、完整的 BOM 清单。

（5）计算机系统已经联网，并由专人或专职负责管理。

任务培训 2：一般 ERP 包含哪些模块？

ERP 系统适用于各类中小型商贸企业、商场、超市、门市门店及需要对企业内部各部门和业务员权限分工协同办公的企业，为经营管理最适合的信息化工具。ERP 系统一般包含了采购管理模块、销售管理模块、仓库管理模块、财务管理模块和系统维护模块，如图 7-7 所示。每个模块的功能如表 7-4 所示。

图 7-7　ERP 系统模块图

表 7-4　ERP 系统模块功能表

序　号	模块名称	模块功能
1	采购管理模块	（1）填"采购进货单"，没有收到货品时先不审核过账； （2）当收到货品时（同时收到发票）可以审核之前的采购进货单，如果收到货后就立即付了款，那么在填采购进货单时，填上本次付款金额。当单据审核后，如果没有付款会增加对此供应商的应付款金额，同时也会增加本次采购单上相应货品的库存数量； （3）发生退货业务时，填制采购退货单可以冲抵掉相应的应付款金额和减少相应货品的库存量
2	销售管理模块	（1）销售业务发生时，可以制作"销售开单"； （2）当销售时就收到了现款，那么在填单时就可以在本次收款里填入。如果是赊销，那么本次收款就不填金额，以后收到货款时用收款单处理； （3）"销售开单"审核后，可以填制"收款单"进行收款业务； （4）发生退货业务时，填"销售退货单"处理退货业务； （5）核心报表：销售订单汇总表、销售订单明细表、销售开单汇总表、销售开单明细表、销售综合汇总表、销售毛利汇总表、销售毛利明细表等

序　号	模块名称	模块功能
3	仓库管理模块	（1）领料管理：生产车间领料、加工任务领料、领用共用原料； （2）仓库盘点管理：仓库实物盘点、仓库盈亏数量处理、自动结转盈亏金额； （3）货品调拨管理：分支货品调拨、总部分支调拨、仓库间调拨、同价调拨、异价调拨、货品组装管理、货品拆卸管理
4	应收应付管理模块	（1）应收账款管理； （2）应付账款管理； （3）核心报表：应收账款汇总表、应收账款明细表、应付账款汇总表、应付账款明细表
5	现金银行管理模块	（1）银行存取款管理：出纳存取现金、票据资金转存银行、费用支出管理、其他收入管理； （2）核心报表：收入费用汇总表、收入费用明细表、费用支出综合统计表、现金银行汇总表、现金银行明细表
6	系统维护模块	（1）数据备份、数据恢复； （2）操作员及权限设置管理； （3）账套数据清理； （4）系统日志

任务执行

✒ 步骤1：公司创建账套并登录系统

在ERP系统初始界面创建公司账套，如图7-8所示。填写公司详细信息，账套代号0001，企业名称为中远汽车配件有限公司，联系人为王铭等，如图7-9所示。

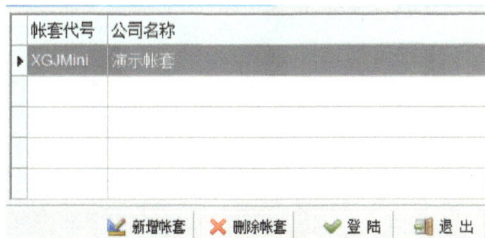

图7-8　新增账套图

图7-9　设置企业信息图

新账套创建成功后，系统会进行数据初始化，之后便可用公司的账号登录ERP系统，如图7-10所示。

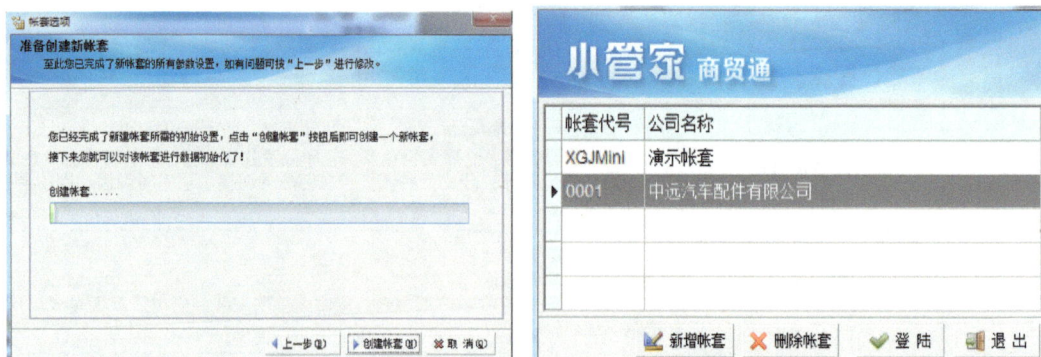

图 7-10　登录 ERP 系统图

步骤 2：进货系统操作

中远汽车配件有限公司的供应商资料如图 7-11 所示，货品资料如图 7-12 所示。

供应商资料和地区资料表						
公司名称	联系人	联系手机	常用电话	通讯地址	期初应收款	所在地区
广州德科配件有限公司	李大同	13645984450	020-86152200	广东省广州市工业园区	0	广东省 \ 广州市
事达科技	王来	13887434354	0755-8615235	广东省深圳市工业园区	89000	广东省 \ 深圳市
徐州百科科技	李华	13334455567	0750-8325220	江门市中山大道	23034	广东省 \ 江门市
成都利来配件加工有限	张泽	15260767504	028-66078772	双流县滨海工业园区	0	四川省 \ 成都市 \ 双流县

图 7-11　供应商和地区资料图

货品资料								
仓库的名称	货品编码	货品名称	数量	进价	售价	条形码	规格型号	货品类别
主仓库	0001	红标电池	2	3500	4500	6910213100223	1000g	蓄电池
主仓库	0002	防冻液	30	120	220	6910213100453	1L	油品
主仓库	0003	专项助力液	9	150	250	6912013100223	1L	油品
主仓库	0004	金属刹车片	7	238	338	6911552300223	250g	制动系统
主仓库	0005	真空助力器	2	452	552	6918899100223	250g	制动系统
主仓库	0006	刹车盘	7	655	750	6930213100223	500g	制动系统
主仓库	0007	无骨雨刮	3	250	350	6910213107823	250g	雨刮
主仓库	0008	有骨雨刮	1	300	400	6944555100223	250g	雨刮
主仓库	0009	标准火花塞	54	216	350	6910893100223	100g	火花塞

图 7-12　货品资料图

进入进货系统界面，先要设置供应商资料、地区资料和货品资料，如图 7-13、图 7-14 和图 7-15 所示。

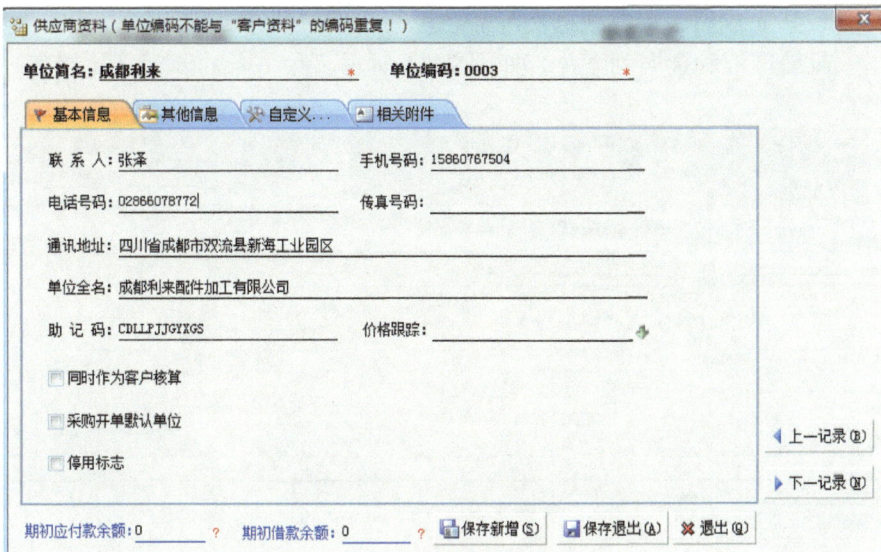

图 7-13 设置供应商资料图

图 7-14 设置地区资料图

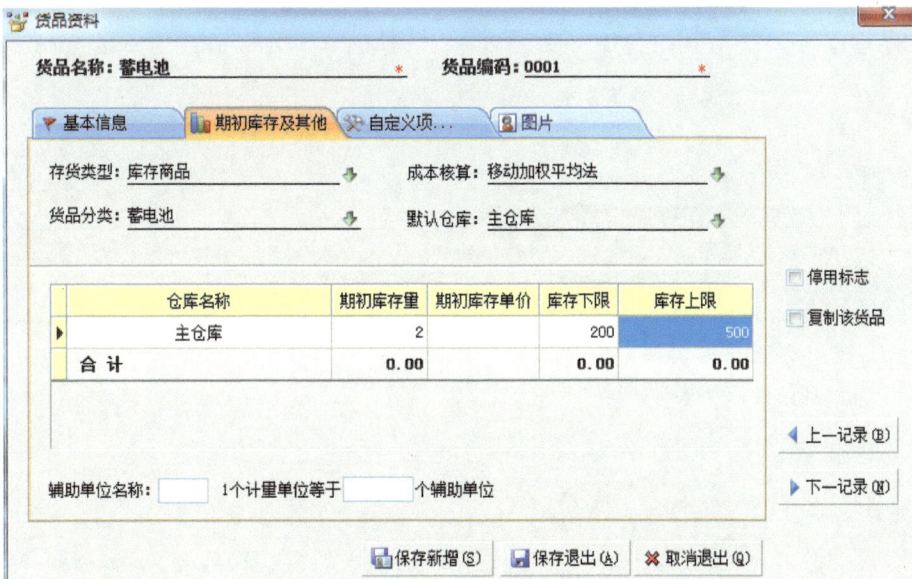

图 7-15 设置货品资料图

基础资料设置完成后，接着根据实际需求填写采购进货单，如天津中远向供应商广州德科采购了一批防冻液和金属刹车片，如图 7-16 所示。

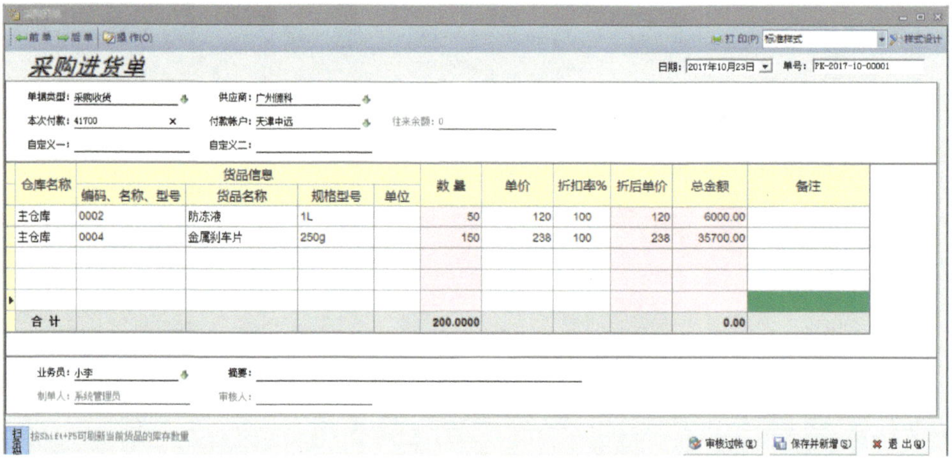

图 7-16　设置公司信息图

采购进货单填写完成后，需要审核过账，如图 7-17 所示。假如采购单填写有误，如低于最低库存或高于最高库存，系统会自动提示反审核并提示错误内容，如图 7-18 所示。

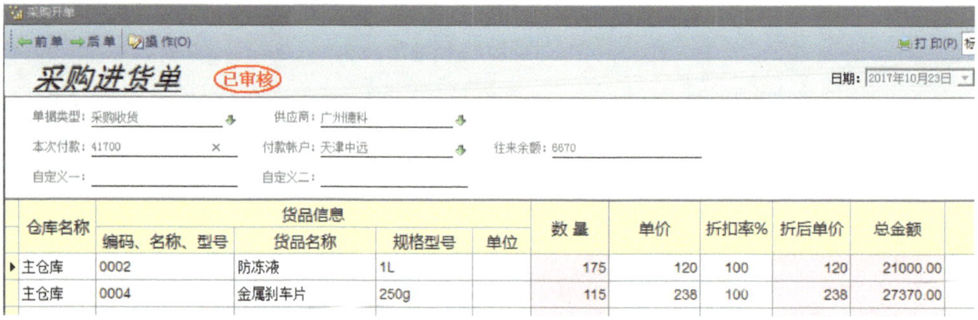

图 7-17　采购进货审核过账图

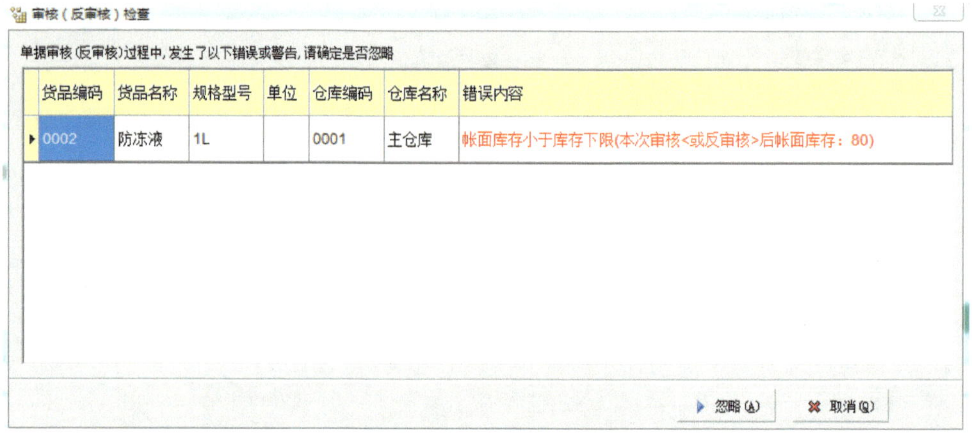

图 7-18　采购进货反审核图

采购进货完成后，由财务人员进行付款单的填制并付款。货品收到后，如发现问题应该填写采购退货单。具体流程如图 7-19 所示。

图 7-19　采购系统流程图

步骤 3：销售系统操作

中远汽车配件有限公司的客户资料如图 7-20 所示。

客户资料表						
客户名称	联系人	联系手机	常用电话	通讯地址	期初应收款	所在地区
广州中博科技城	王英	13645984450	020-86152200	广东省广州市科创园	0	广东省\广州市
万利来科技	张城	13887434354	0755-86152356	广东省深圳市科创园	89000	广东省\深圳市
百科科技	李华	13334455567	0750-83252200	江门市中山大道科创园	23034	广东省\江门市
成都塑华科技	张泽	15260767504	028-66078772	双流县滨海科创园	0	四川省\成都市\双流县

图 7-20　客户资料图

进入销售系统界面，先要设置客户资料、地区资料，如图 7-21 所示。

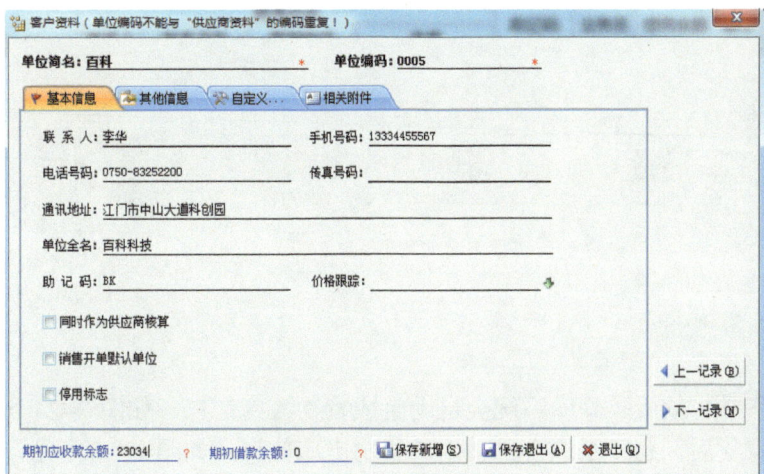

图 7-21　设置客户资料图

客户资料设置完成后，接着根据实际需求填写销售单并审核过账，如天津中远向百科科技销售了一批防冻液，如图7-22所示。

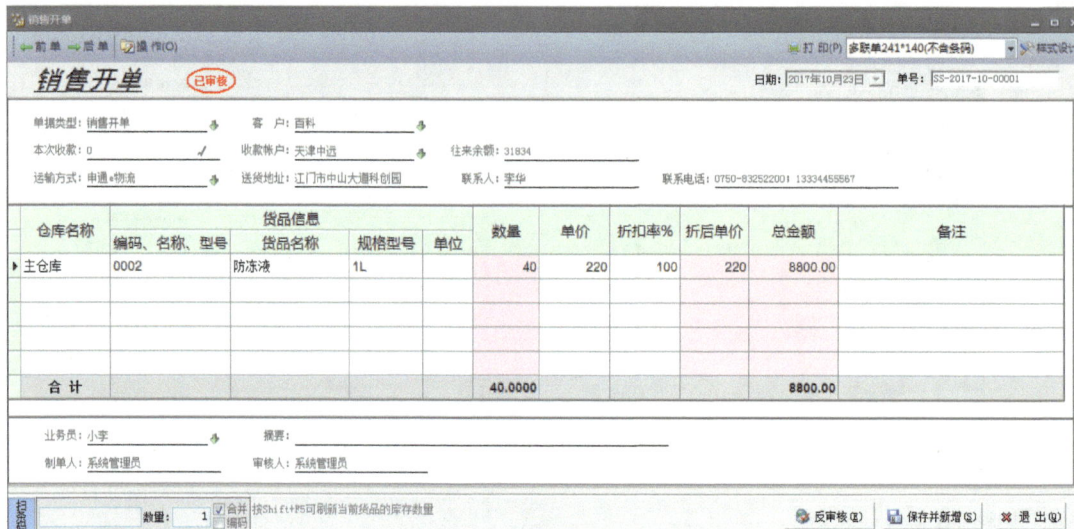

图 7-22　销售开单图

销售完成后，由财务人员进行收款单的填制并向客户催款收款，具体流程如图7-23所示。

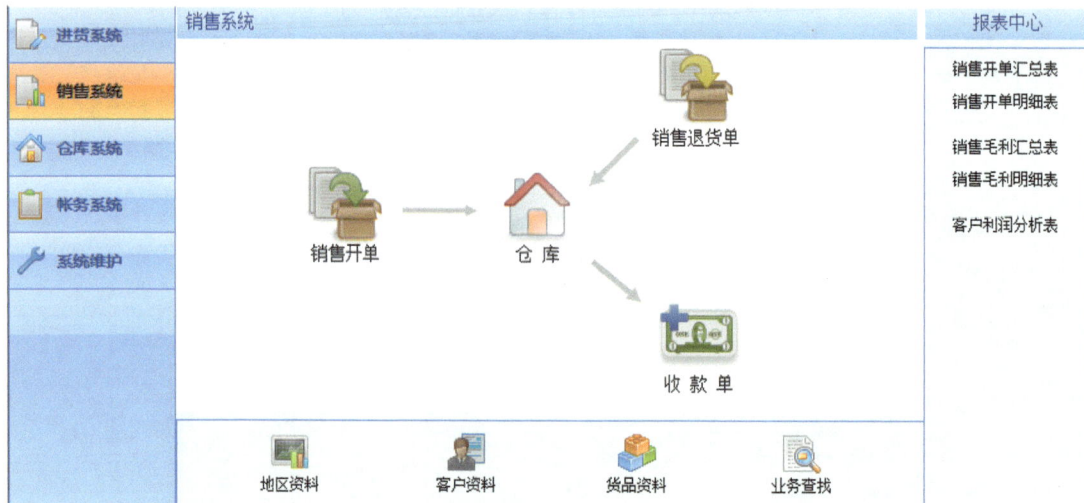

图 7-23　销售系统流程图

步骤4：仓库系统操作

当采购进货并付款后，仓库系统会自动生成货物入库信息，如图7-24所示。
当销售并发货后，仓库系统会自动生成货物出库信息，如图7-25所示。

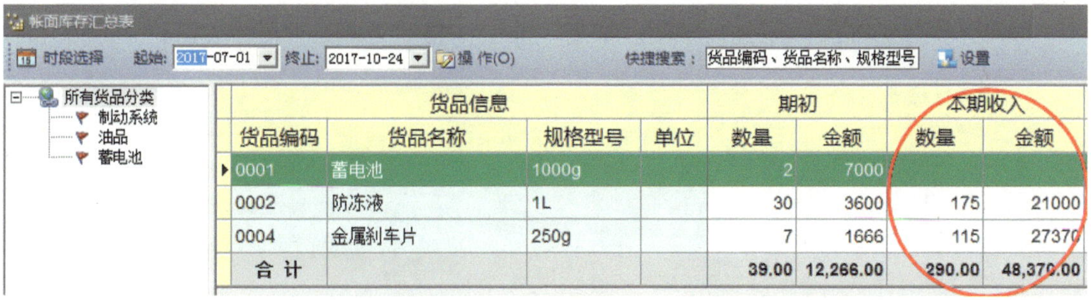

图 7-24　仓库入库信息图

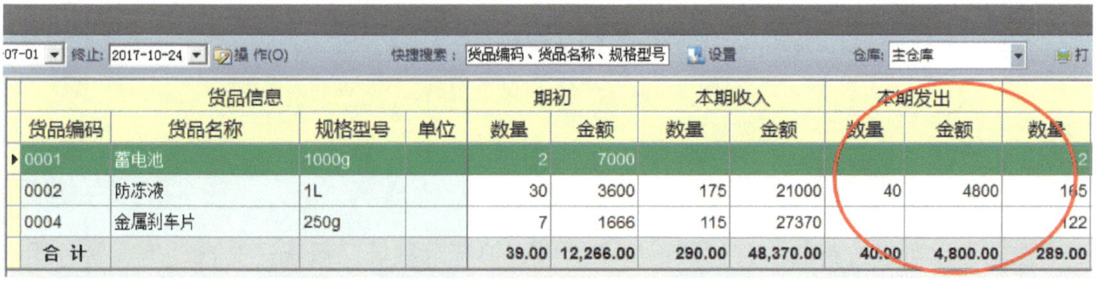

图 7-25　仓库出库信息图

当仓库需要盘点时，系统能自动生成盘点单，工作人员只需要填入实盘数量并审核过账，如图 7-26 所示。

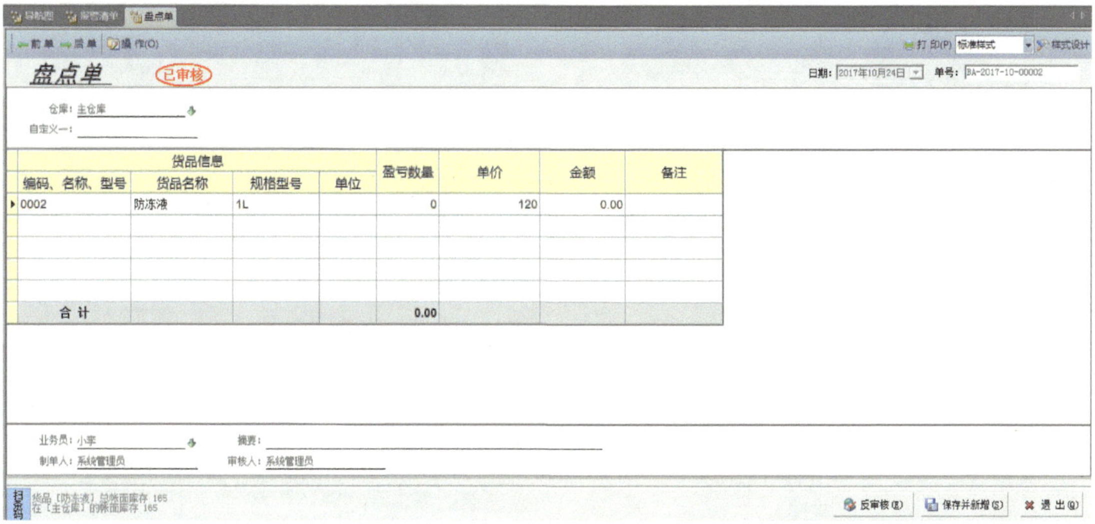

图 7-26　盘点单图

仓库系统能制作发货单、收货单、盘点单、报损单、调价单、调拨单和领料单，如图 7-27 所示。

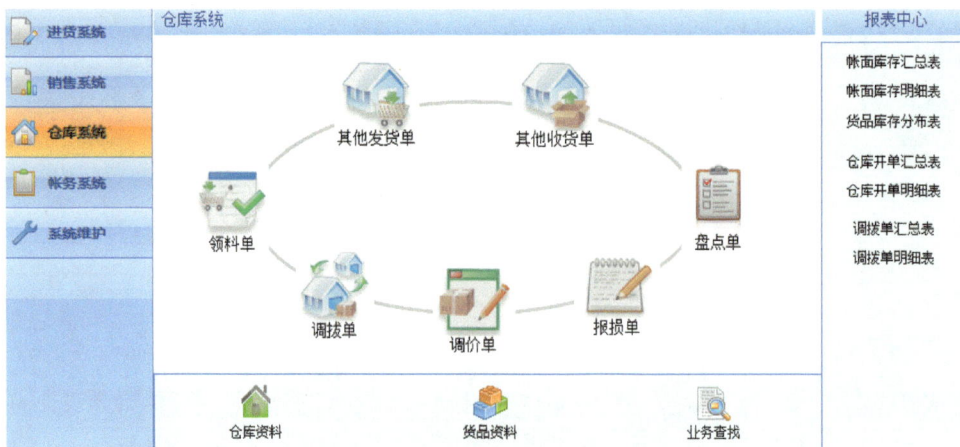

图 7-27　仓库系统作业图

步骤 5：账务系统操作

在此界面可以进行收款、付款、资金拆借、银行存取等，系统还会自动生成各种明细表和报表，如图 7-28 所示。

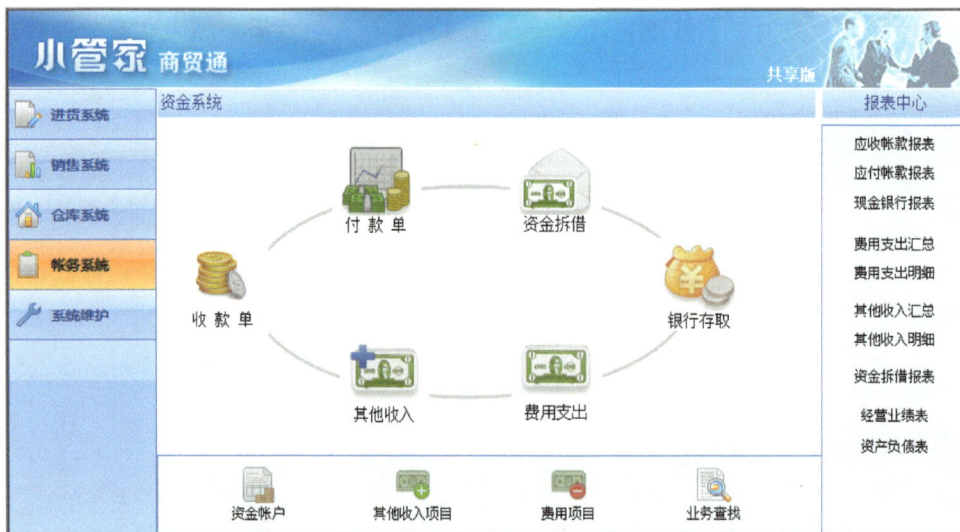

图 7-28　账务系统作业图

步骤 6：系统维护操作

在此界面可以进行备份数据、数据恢复、操作员授权、账套数据清理等作业，如图 7-29 所示。

图 7-29　系统维护作业图

任务评价

在完成上述任务后，教师组织进行三方评价，并对学生任务执行情况进行点评。学生完成表 7-5 的填写。

表 7-5　"ERP 操作"任务评价表

评价要素	评价标准	分值	评　分			
			自评（10%）	小组（10%）	教师（80%）	小计
设置基础信息	填写是否正确、完整	20				
采购系统操作	填写是否正确、完整	30				
销售系统操作	填写是否正确、完整	30				
财务系统操作	填写是否正确、完整	20				
合　　计		100				
评　语						

拓展提升

拓展提升：ERP 系统基础信息操作

请你为万盛食品有限公司在易订货平台注册一个账号，公司信息、客户信息、商品信息、部门员工信息如表 7-6 至表 7-9 所示。

表 7-6　公司信息表

公 司 名 称	行 业 类 别	联 系 人	联 系 电 话	所 在 地 区
万盛食品有限公司	食品	吴强	13545985580	福建泉州

表 7-7 客户信息表

客户名称	编号	联系人	联系电话	所在地区
沃尔玛超市	0001	王三	13545985531	福建福州
好再来超市	0002	张全	13847499300	福建厦门
全家便利店	0003	刘地	13648574849	江西九江
美德利便利店	0004	蔡豪	13694958904	福建宁德
全家福超市	0005	李佳	13894589499	江西南昌

表 7-8 商品信息表

商品名称	商品编号	单位	规格型号	进价（元）	市场价（元）
娃哈哈矿泉水	10001	瓶	250ml	1	1.5
森活水	10002	瓶	250ml	1	1.5
蒙牛优酸乳	20001	瓶	250ml	1.5	2.5
伊利优酸乳	20002	瓶	250ml	1.5	2.5
康师傅红烧牛肉面	30001	袋	100g	0.6	1.3
旺旺雪饼	30002	袋	500g	2.5	4

表 7-9 部门员工信息表

员工	编号	部门	联系电话	权限
张来	001	业务部	13545985531	部门负责人
王园	002	财务部	13847499300	部门负责人
李四	003	仓储部	13648574849	部门负责人

任务巩固

1. 根据基础信息，请你在 ERP 系统中进行采购系统操作、销售系统操作。
2. 请你根据上述操作，生成财务报表。

物流资讯

ERP 小故事

一天中午，丈夫在外给家里打电话："亲爱的老婆，晚上我想带几个同事回家吃饭可以吗？"（订货意向）

妻子："当然可以，来几个人，几点来，想吃什么菜？"

丈夫："6 个人，我们 7 点左右回来，准备些酒、烤鸭、番茄炒蛋、凉菜、蛋花

汤……，你看可以吗？"（商务沟通）

妻子："没问题，我会准备好的。"（订单确认）

妻子记录下菜单（MPS 计划），具体要准备的菜：鸭、酒、番茄、鸡蛋、油……（BOM 物料清单），发现需要：1 只鸭、5 瓶酒、4 个番茄……（BOM 展开），炒蛋需要 6 个鸡蛋，蛋花汤需要 4 个鸡蛋（共用物料）。

打开冰箱一看（库房），只剩下 2 个鸡蛋（缺料）。

询价？

来到自由市场，妻子："请问鸡蛋怎么卖？"（采购询价）

小贩："1 个 1 元，半打 5 元，1 打 9.5 元。"

还价？

妻子："我只需要 8 个，但这次买 1 打。"（经济批量采购）

妻子："这有一个坏的，换一个。"（验收、退料、换料）

回到家中，准备洗菜、切菜、炒菜……（工艺路线），厨房中有燃气灶、微波炉、电饭煲……（工作中心）。妻子发现拔鸭毛最费时间（瓶颈工序，关键工艺路线），用微波炉自己做烤鸭可能就来不及（产能不足），于是决定到楼下的餐厅去加工（产品委外）。

下午 4 点，电话铃又响："妈妈，晚上几个同学想来家里吃饭，你帮准备一下。"（紧急订单）

"好的，儿子，你们想吃什么，爸爸晚上也有客人，你愿意和他们一起吃吗？"

"菜您看着办吧，但一定要有番茄炒鸡蛋。我们不和大人一起吃，6:30 左右回来。"（呵呵，不能并单处理）

"好的，肯定让你们满意。"（订单确认）

鸡蛋又不够了，打电话叫小贩送来。（紧急采购）

6:30，一切准备就绪，可烤鸭还没送来，急忙打电话询问："我是李太太，怎么加工的烤鸭还没送来。"（采购委外单跟催）

"不好意思，送货的人已经走了，可能是堵车吧，马上就会到的。"

门铃响了。"李太太，这是您要的烤鸭。请在单上签一个字。"（验收、入库、转应付账款）

6:45，女儿的电话："妈妈，我想现在带几个朋友回家吃饭可以吗？"（呵呵，又是紧急订购意向，要求现货）

"不行呀，女儿，今天妈妈已经需要准备两桌饭了，时间实在是来不及，真的非常抱歉，下次早点说，一定给你们准备好。"（哈哈，这就是 ERP 的使用局限，要有稳定的外部环境，要有一个起码的提前期）

送走了所有客人，疲惫的妻子坐在沙发上对丈夫说："亲爱的，现在咱们家请客的频率非常高，应该要买些厨房用品了（设备采购），最好能再雇个小保姆（连人力资源系统也有接口了）。"

丈夫："家里你做主，需要什么你就去办吧。"（通过审核）

妻子："还有，最近家里花销太大，用你的私房钱来补贴一下，好吗？"（哈哈哈哈，最后就是应收货款的催要）

现在还有人不理解 ERP 吗？

项目八
智 慧 物 流

任务一 认识智慧物流

任务展示

2017 年 11 月 11 日，天猫单日订单达 8.12 亿。根据菜鸟网络最新数据显示，仅用 2.8 天，天猫"双 11"的第 1 亿个订单已送到消费者手中，比起去年的 3.5 天，再次提前 0.7 天。物流纪录不断刷新，背后是菜鸟网络引领下的智慧物流的行业升级。

任务描述：认识智慧物流。

任务培训

任务培训 1：什么是智慧物流？

智慧物流是利用集成智能化技术，使物流系统能模仿人的智能，具有思维、感知、学习、推理判断和自行解决物流中某些问题的能力。即在流通过程中获取信息从而分析信息做出决策，使商品从源头开始被实施跟踪与管理，实现信息流快于实物流。可通过 RFID、传感器、移动通信技术等让配送货物自动化、信息化和网络化，如图 8-1 和图 8-2 所示。

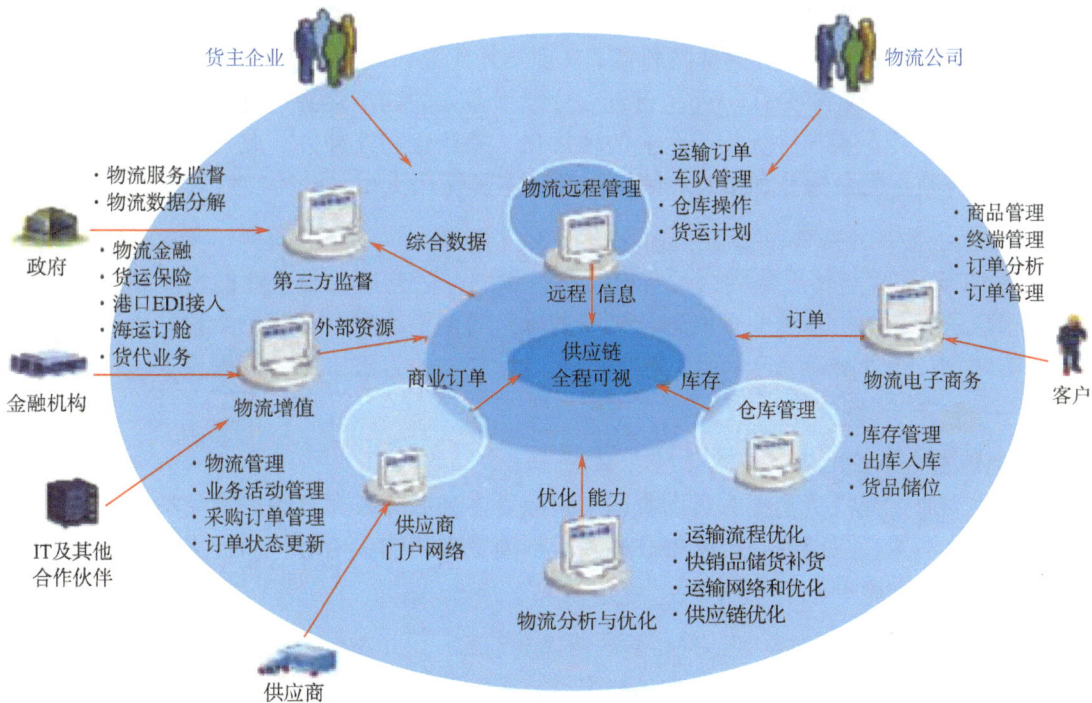

图 8-1 智慧物流的运作

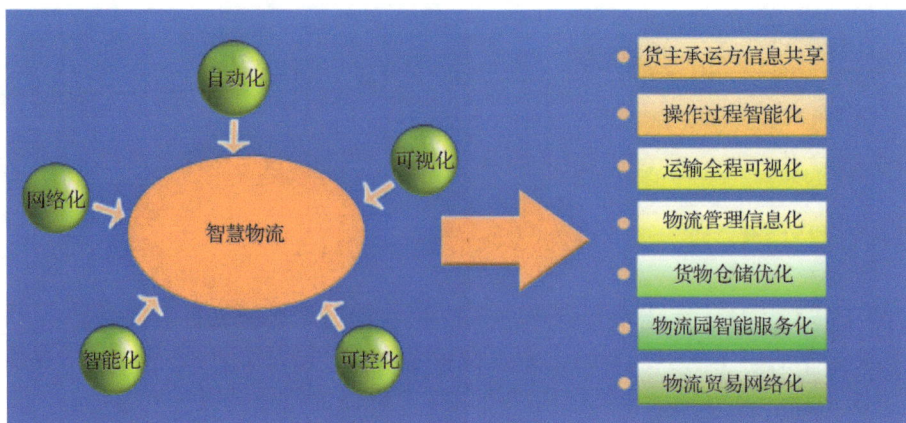

图 8-2　智慧物流的发展

✎ 任务培训 2：智慧物流的作用

➢ **降低物流成本，提高企业利润**

智慧物流能大大降低制造业、物流业等各行业的成本，生产商、批发商、零售商三方通过智慧物流相互协作，信息共享，物流企业便能更节省成本。能够有效实现物流的智能调度管理、整合物流核心业务流程，加强物流管理的合理化，降低物流消耗，从而降低物流成本，减少流通费用、增加利润。

➢ **加速物流产业的发展，成为物流业的信息技术支撑**

智慧物流的建设将加速当地物流产业的发展，集仓储、运输、配送、信息服务等多功能于一体，打破行业限制，协调部门利益，实现集约化高效经营，优化社会物流资源配置。

同时，将物流企业整合在一起，将过去分散于多处的物流资源进行集中处理，发挥整体优势和规模优势，实现传统物流企业的现代化、专业化和互补性。此外，这些企业还可以共享基础设施、配套服务和信息，降低运营成本和费用支出，获得规模效益。

➢ **为企业生产、采购和销售系统的智能融合打基础**

随着 RFID 技术与传感器网络的普及，物与物的互联互通将给企业的物流系统、生产系统、采购系统与销售系统的智能融合打下基础，而网络的融合必将产生智慧生产与智慧供应链的融合，企业物流完全智慧地融入企业经营之中，打破工序、流程界限，打造智慧企业。

➢ **使消费者节约成本，轻松、放心购物**

智慧物流通过提供货物源头自助查询和跟踪等多种服务，尤其是对食品类货物的源头查询，能够让消费者买得放心、吃得放心，增加消费者的购买信心从而促进消费，最终对整体市场产生良性影响。

➢ **提高政府部门工作效率，有助于政治体制改革**

智慧物流可全方位、全程监管食品的生产、运输、销售，大大节省了相关政府部门的工作压力，同时使监管更彻底、更透明。通过计算机和网络的应用，政府部门的工作效率将大大提高，有助于我国政治体制的改革，精简政府机构，裁汰冗员，从而削减政府开支。

➤ **促进当地经济进一步发展，提升综合竞争力**

智慧物流集多种服务功能于一体，体现了现代经济运作特点的需求，即强调信息流与物质流快速、高效、通畅地运转，从而降低社会成本，提高生产效率，整合社会资源，如图 8-3 所示。

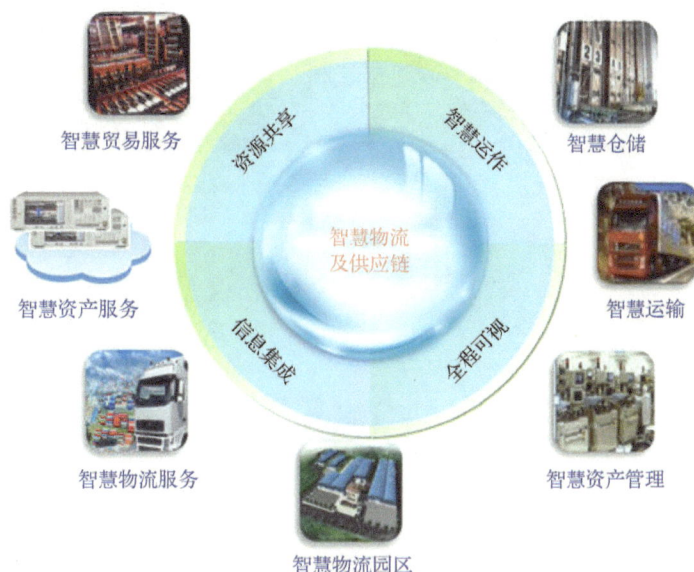

图 8-3　智慧物流的运作

任务培训 3：智慧物流所需具备的技术

智慧物流是以云计算、移动互联、物联网、大数据等为基础，最大限度地减少人工对整个物流环节的干预，使用智能机器人自动分拣、搬运，手持终端进行信息采集，甚至使用无人机将物件送到目的地，也是智慧城市理念在物流行业的应用，如图 8-4、图 8-5、图 8-6 所示。

图 8-4　分拣机器人

图 8-5　搬运机器人

图 8-6　无人机配送

🛠 任务执行

✏ 步骤 1：分组

将全班分成若干小组，每组 4 人，选出小组长，名单交给老师。

✏ 步骤 2：资料收集

小组长对本组同学进行分工，每组选取智慧物流在物流某一环节（如仓储、配送、运输、装卸搬运等）的应用进行资料的收集、筛选、整理。

✏ 步骤 3：海报制作

针对本组选取的内容进行海报制作，要求图文并茂地体现智慧物流设备的应用及其先进性。

✏ 步骤 4：任务展示

每个小组上台展示本组实训任务成果，向全班同学讲解本组选取的智慧物流在物流中的应用情况。

📋 任务评价

在完成上述任务后，教师组织进行三方评价，并对学生任务执行情况进行点评。学生完成表 8-1 的填写。

表 8-1　"智慧物流"任务评价表

评价要素	评价标准	分值	评　分			
			自评（10%）	小组（10%）	教师（80%）	小计
选择的设备的准确性	设备的选择准确	20				
设备在该环节中的使用	设备使用正确	20				
先进性的体现	描述合理	20				
海报的美观度	色彩搭配	5				
	排版合理	5				
	图文并茂	5				
任务展示	表述条理清晰	10				
	声音洪亮，举止得体	5				
分　析　总　结		10				
合　　计		100				
评　语						

拓展提升

近日，在美国的硅谷，一辆小巧的无人配送车开始工作，穿行在加州 Redwood City 的诸多餐厅之间，自主派送顾客预订的外卖。

这些无人配送车从加州 Redwood City 的一些餐厅中提取食品并将其配送到方圆 2 千米的顾客手中。这台 6 轮的无人配送车可以在 15 ~ 30 分钟的时间内完成一次配送，如图 8-7 所示。

图 8-7　无人配送车

京东智慧物流黑科技

智慧物流——《走进科学》

任务巩固

思考并利用网络查询：除了上述所说的智慧物流设备外还有哪些设备呢？

任务二 VR/AR 技术在物流中的应用

任务展示

2017 年上半年，京东展示了 VR 购物应用——"VR 购物星系"，这个系统还将开放给第三方，使用户体验更加丰富的购物场景。京东目前的演示聚焦在 3C、家电等领域，率先开放了消费电子卖场。用户能够在这个卖场中体验到线下购物的真实感，通过 VR 的控制器可以拿起选中的商品，360 度地查看；用户更能体验到线下购物也无法提供的丰富信息，如他们可以探查产品内部的结构，详细了解产品的功能特性。京东透露，在实际应用中，将通过手势、声纹等多种形式完成支付，使用户在 VR 环境下实现完整的购物过程。

任务描述：了解 VR/AR 技术在物流中的应用。

任务培训

任务培训 1：什么是 VR？

虚拟现实技术（Virtual Reality，VR），综合了计算机图形技术、计算机仿真技术、传感器技术、显示技术等多种科学技术，在多维信息空间上创建一个虚拟信息环境，能够使用户具有身临其境的沉浸感，具有与环境完善的交互作用能力，并有助于启发构思。

任务培训 2：什么是 AR？

增强现实技术（Augmented Reality，AR），是一种实时地计算摄影机影像的位置及角度并加上相应图像、视频、3D 模型的技术，这种技术的目标是在屏幕上把虚拟世界套在现实世界并进行互动。这种技术 1990 年提出。随着随身电子产品 CPU 运算能力的提升，预期增强现实的用途将会越来越广。

任务培训 3：VR 技术在物流中的应用

以 DHL 公司 VR 技术的应用为例，通过以下步骤可以快速完成拣货作业，提高拣货效率，降低错误率。

系统识别登录用户，如图 8-8 所示。

选择一辆待拣货的拣货车，扫描拣货单条形码，如图 8-9 所示。

在眼镜中会显示相关信息：Progress（拣货进度）、Aisle Number（货道）、Location（货位）、Quantity（数量）、Next Pick（下一个拣货位）。如图 8-10 所示，拣货人员到 T06 货道对应的货架上拣选货品，扫描货品条形码后系统会给出相应的信息，同时提示货品需要放在拣货车的哪个位置。

图 8-8　系统识别登录用户

图 8-9　选择待拣货车辆

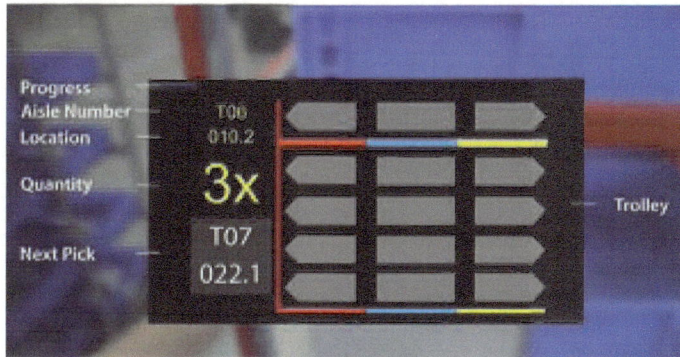

图 8-10　VR 眼镜显示的拣货信息

　　眼镜中的信息提示还模拟出拣货小车的样子（3×5），更是利用颜色管理提醒使用者图例与实际拣货工具的对应（车边框的红、蓝、黄色漆和系统提示对应），如图 8-11 所示。

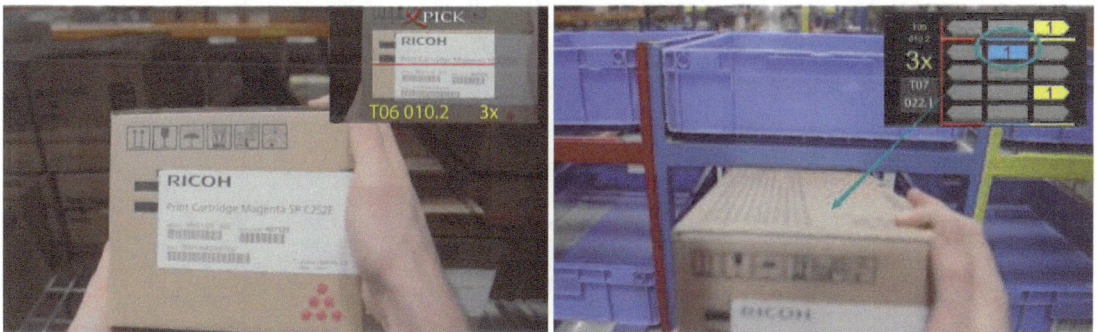

图 8-11　拣货车信息匹配显示界面

　　通过以上步骤就可以快速完成拣货作业。DHL 在官网的报道及视频中不断地强调两点：提高拣货效率、降低错误率，如图 8-12 所示。

图 8-12 依次完成拣货作业

✎ 任务培训 4：AR 技术在物流中的应用

从仓库里的视觉拣货，到帮助客户进行售后服务。AR 可以应用在物流价值链的众多环节。

➤ 视觉拣货（Pick-by-vison）：优化拣货流程

在物流中，最切实际的 AR 解决方案要数能够优化拣货流程的系统。传统的纸质拣货低效、易错，且需要耗费较高的培训成本。

视觉拣货包括头戴式显示器（HMD）之类的移动 AR 装置、相机、可穿戴 PC，以及续航至少为一班次时长的电池模块。其视觉拣货软件功能包括实时物体识别、条形码读取、室内导航，以及与 WMS 仓储管理系统的无缝信息整合。

仓库操作人员可以在视野中看到数字拣货清单，还能受益于室内导航功能看到最佳路径，通过有效路径规划减少移动耗时。系统中的图像识别软件能自动读取条形码以确认拣货人员是否到达正确位置，并指引他在货架上快速定位待拣物品。接着，拣货人员可以扫描该物品，将此流程同步登记到仓库管理系统中，实现实时的库存更新。

视觉拣货带来的最大好处是，在人工拣货时无须腾出手即可获得直观的数字信息支持。

拣货人员佩戴专为拣货流程开发的可穿戴 AR 设备，如图 8-13 所示。

提供数字导航，有助于更加高效地找到正确路径和正确物品，同时降低培训时间。

应用目的：减少拣货错误，降低查找时间。

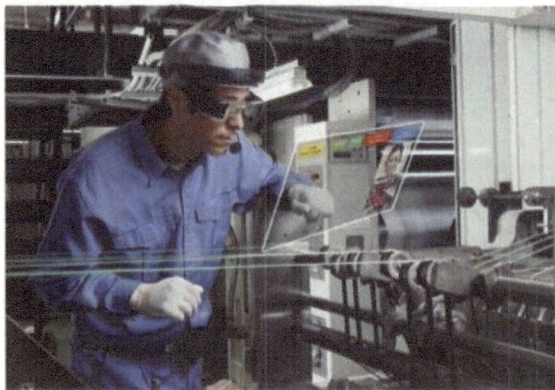

图 8-13 AR 技术在视觉拣货中的应用

➢ 仓库规划

AR 还会对仓库规划流程产生积极作用，如图 8-14 所示。如今的仓库不再只是存放和集散的节点；它们逐渐肩负起越来越多的增值服务，从产品的组装到贴标签、重新打包，乃至产品维修。

这意味着仓库必须重新设计以适应上述这些新服务的需求。可以用 AR 从全局角度直观地看到任何重新规划的效果，实现在现有的真实仓库环境中放置将来准备改动的可交互数字模型。管理者可以检查所规划的改动尺寸是否合适，并为新的工作流程建立模型。受益于此，未来的仓库实地可以用作仓库运作规划的试验场所。

实现仓库运作流程的混合现实模拟。

改动可以叠加在真实环境中，实现"现场测试"，并因地适宜，调整所规划的尺寸。

应用目的：支持仓库的重新设计与规划，并降低成本。

图 8-14　AR 技术在仓库规划中的应用

➢ 客户服务

加入 AR 功能的包裹服务应用可以让客户使用支持 AR 的设备扫描待寄物品、测量体积、估算质量，从而确定选用物流供应商尺寸最合适、价格最低廉的包裹盒，如图 8-15 所示。另外，该应用还能显示不同的寄件方式和保价选项。

针对终端消费设备（如智能手机、平板电脑）的 AR 应用可以带来便利的寄件体验。

应用目的：扫描待寄物品，将包裹盒的虚拟呈现与扫描图像相层叠，帮助客户选择合适的寄件方式并下单；提升包裹处理环节。

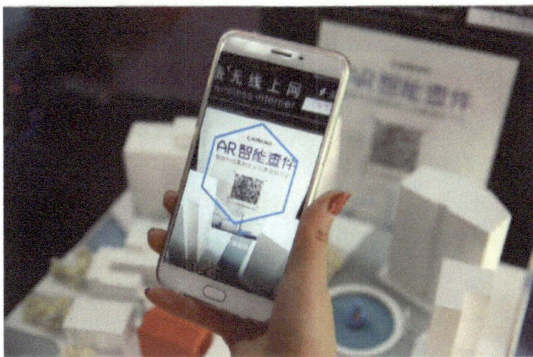

图 8-15　AR 技术在客户服务中的应用

任务执行

请说说 AR 技术还可以应用在物流中的哪些环节？

步骤 1： 小组讨论，由组长组织组员进行主题讨论，并绘制简单的主题海报，要求说明具体应用情况及工作原理。

步骤 2： 每个小组选取 1 名同学进行展示发言，接受其他小组及老师的提问（问题不超过 3 个）。

步骤 3： 学生上网查找本组讨论结果是否在现实中得到应用，并对比自己的想法与实际的应用有什么需要完善的地方。

步骤 4： 每组选派另 1 名同学阐述查证结果。

步骤 5： 教师就学生完成实训情况进行点评。

任务评价

在完成上述任务后，教师组织进行三方评价，并对学生任务执行情况进行点评。学生完成表 8-2 的填写。

表 8-2　"AR 技术在物流中的应用"任务评价表

评价要素	评价标准	分值	评分			
			自评（10%）	小组（10%）	教师（80%）	小计
主题选取准确	主题符合要求	20				
海报内容符合要求	内容完整	20				
	内容正确	20				
海报的美观度	色彩搭配	5				
	排版合理	5				
	图文并茂	5				
任务展示	表述条理清晰	10				
	声音洪亮，举止得体	5				
小组协作	组内分工合理	5				
	组员积极参与实训	5				
合　计		100				
评　语						

📑 任务巩固

1.虚拟现实技术，简称_____，综合了_____、_____、_____、_____等多种科学技术，在多维信息空间上创建一个虚拟信息环境，能够使用户具有身临其境的沉浸感，具有与环境完善的交互作用能力，并有助于启发构思。

2.增强现实技术，简称_____，是一种实时地计算摄影机影像的位置及角度并加上_____、_____、_____的技术，这种技术的目标是在屏幕上把虚拟世界套在现实世界并进行互动。

3.请说说 AR 技术可应用在物流的哪些环节，有哪些应用目的？

🔍 物流资讯

新零售下半场智慧物流或成关键

12 月 18 日，永辉超市在停牌一周后复牌。根据其 17 日晚间公告显示，腾讯拟斥资逾 42 亿元受让 5% 公司股份，并拟增资取得永辉超市子公司永辉云创 15% 的股权。这也是腾讯在零售领域的重要战略投资。

业内人士称，此次腾讯与永辉的联手或将改变新零售商超行业的竞争格局，而真正影响新零售下半场胜负的，可能就是智慧物流。

快货运 CEO 赵干对记者表示，新零售为物流带来新一波红利，但是智慧物流也将成为新零售整个供应链中最核心的一个环节。

菜鸟网络总裁万霖此前在接受媒体采访时曾表示，物流行业发展越来越快，需要思考如何为日均 10 亿包裹体量做好准备。

作为新零售时代的物流主角之一，面对即将到来的"10 亿包裹"时代，这些企业若无法彻底解决这种"割裂"现状，后果是难以想象的。鉴于此，当前各大巨头在迅速加持新零售的同时，正在积极抢占物流制高点。今年 9 月，为了配合推进新零售战略，阿里增持菜鸟网络，未来五年内将投入 1000 亿元，加快建设物流网络。京东、苏宁等电商平台也在积极建设升级自身的物流体系，以支撑用户更高的物流体验需求。与此同时，目前已有唯智、快货运等不少物流科技企业在物流信息化管理领域做了众多探索，并在帮助物流企业实现智能化、协同化、网络化方面取得了不小的成绩。

赵干表示，互联网＋、大数据、云计算等先进前沿科技已经被应用到了物流行业里来，正在充分刺激、促进物流行业的快速发展，物流俨然已经成为新零售下半场中整个供应链条提速的关键。

参 考 文 献

[1] 张劲珊. 物流信息技术与应用 [M]. 北京：清华大学出版社，2013.

[2] 吴砚峰. 物流信息技术 [M]. 北京：高等教育出版社，2012.

[3] 李曼. 智能运输系统在现代物流中的应用 [R]. 中国水运，2007.

[4] 谢金龙. 物流信息技术与应用 [M]. 北京：北京大学出版社，2014.

[5] 郑少峰. 现代物流信息管理与技术 [M]. 北京：机械工业出版社，2016.

[6] 张磊，吴忠. 物流信息技术 [M]. 北京：清华大学出版社，2015.

[7] 傅莉萍. 物流管理信息系统 [M]. 北京：北京大学出版社，2014.

[8] 欧阳文霞. ERP 原理与应用 [M]. 北京：人民邮电出版社，2016.

[9] 王晓平. 物流信息技术 [M]. 北京：清华大学出版社，2017.

[10] 易订货 https://www.dinghuo123.com/topics/

[11] 电子标签辅助拣货系统 https://wenku.baidu.com/view/9783bf064a7302768e99397a.html

[12] 物流仿真技术 https://wenku.baidu.com/view/9f2adb9ce45c3b3566ec8b1e.html

[13] 无线射频识别技术 https://wenku.baidu.com/view/6377aed1b7360b4c2f3f6455.html